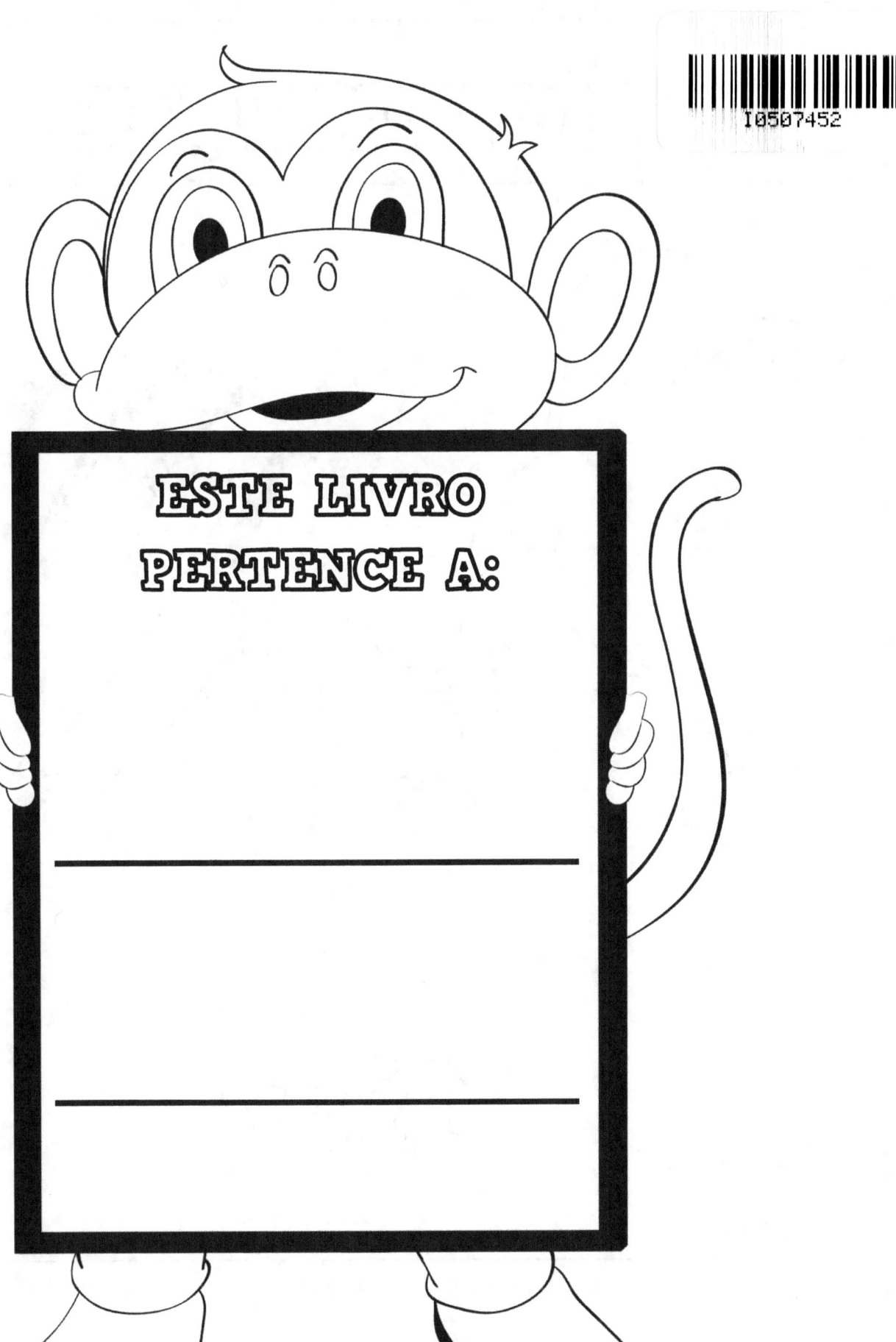

Formiga

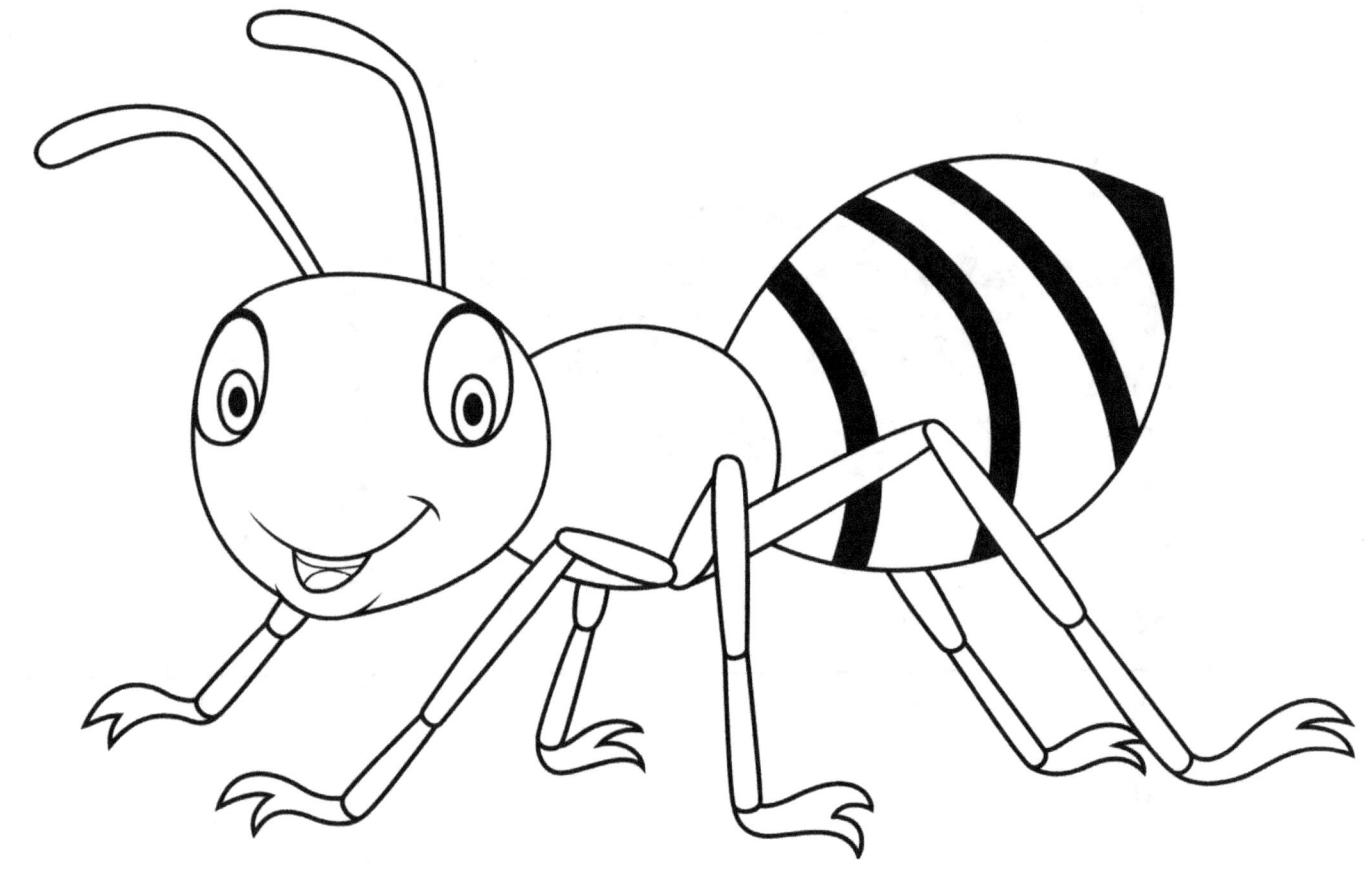

Mier

Mier
_____

_____

_____

Maçã

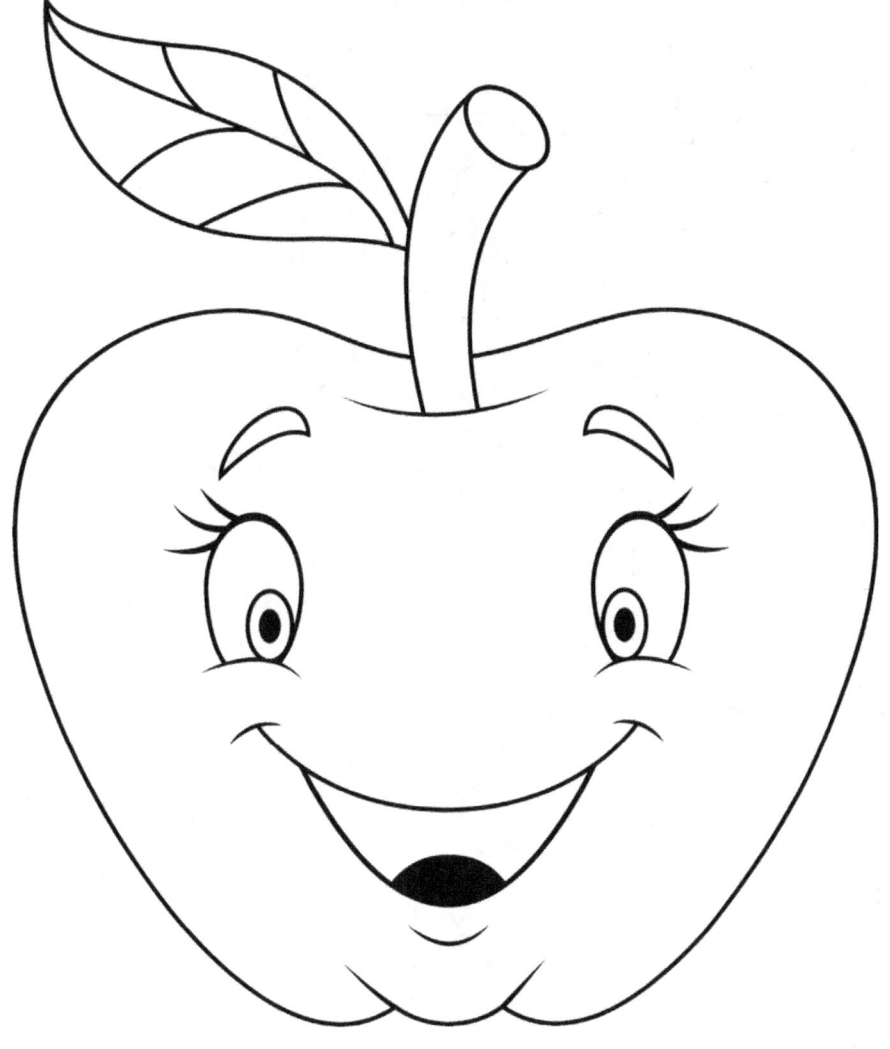

Appel

Appel

Astronauta

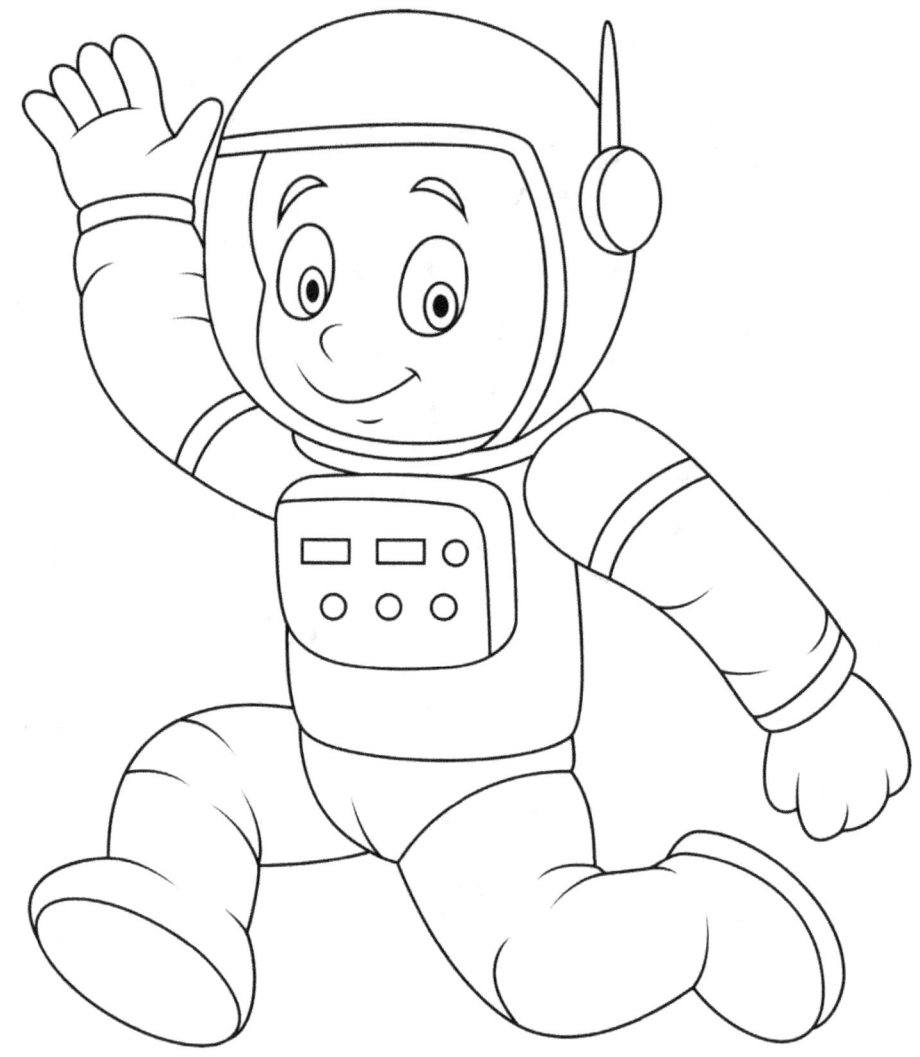

Astronaut

Astronaut

Banana

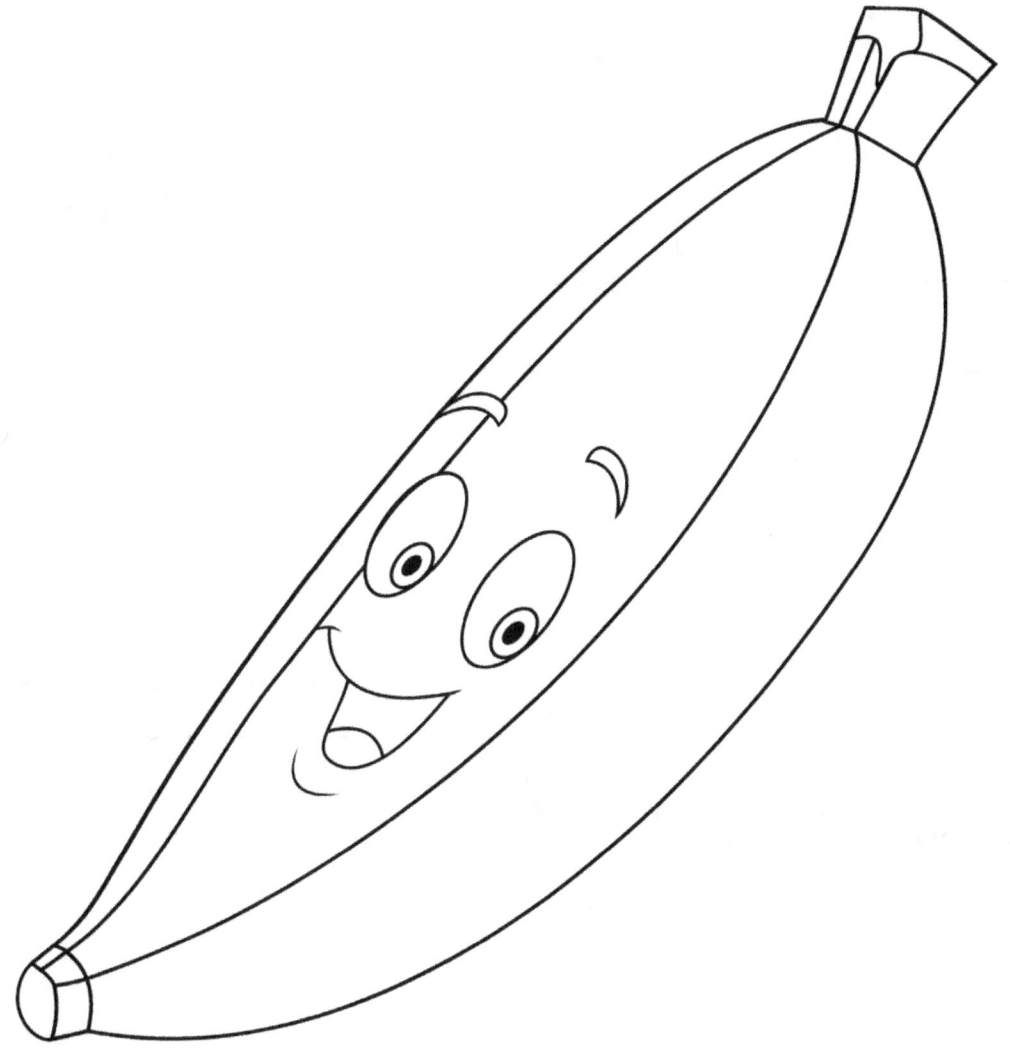

Banaan

Banaan

Formiga

Mi_r

Maçã

_p_el

Astronauta

Ast_on_ut

Banana

B_n_an

Urso

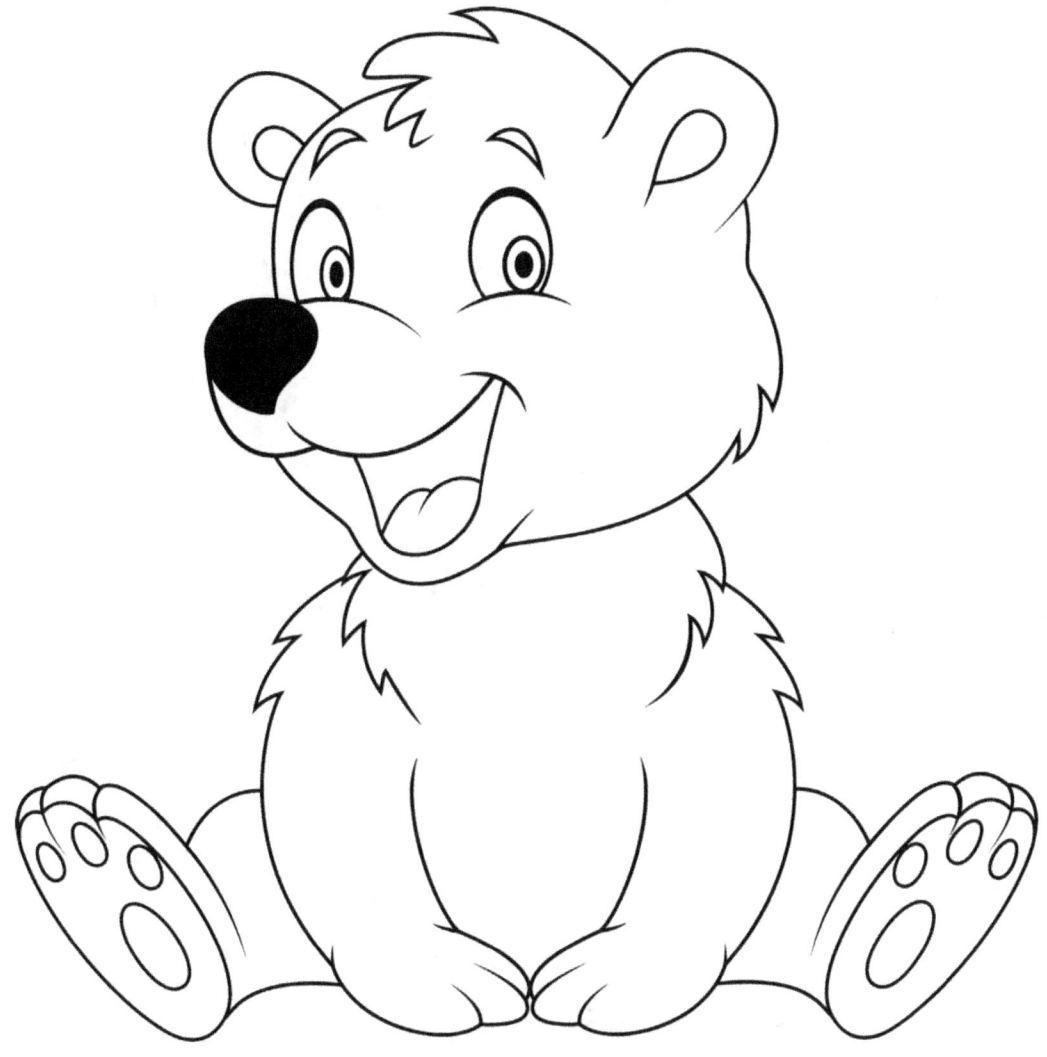

Beer

Beer
___
___
___

Livro

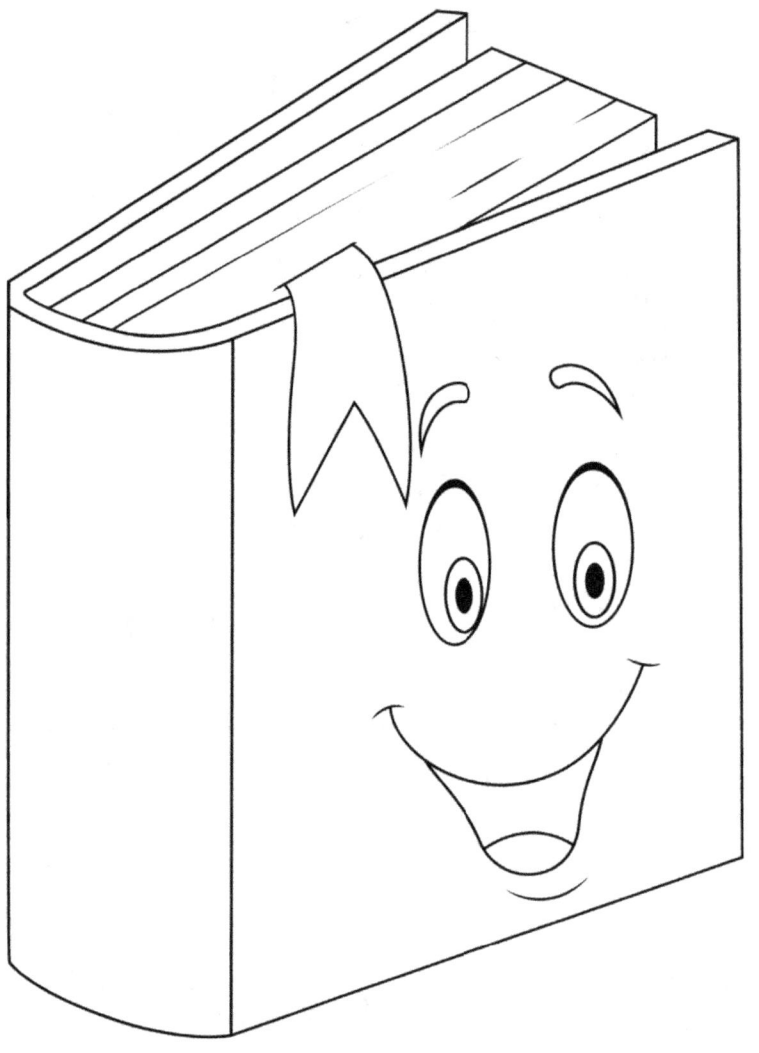

Boek

Boek

Carro

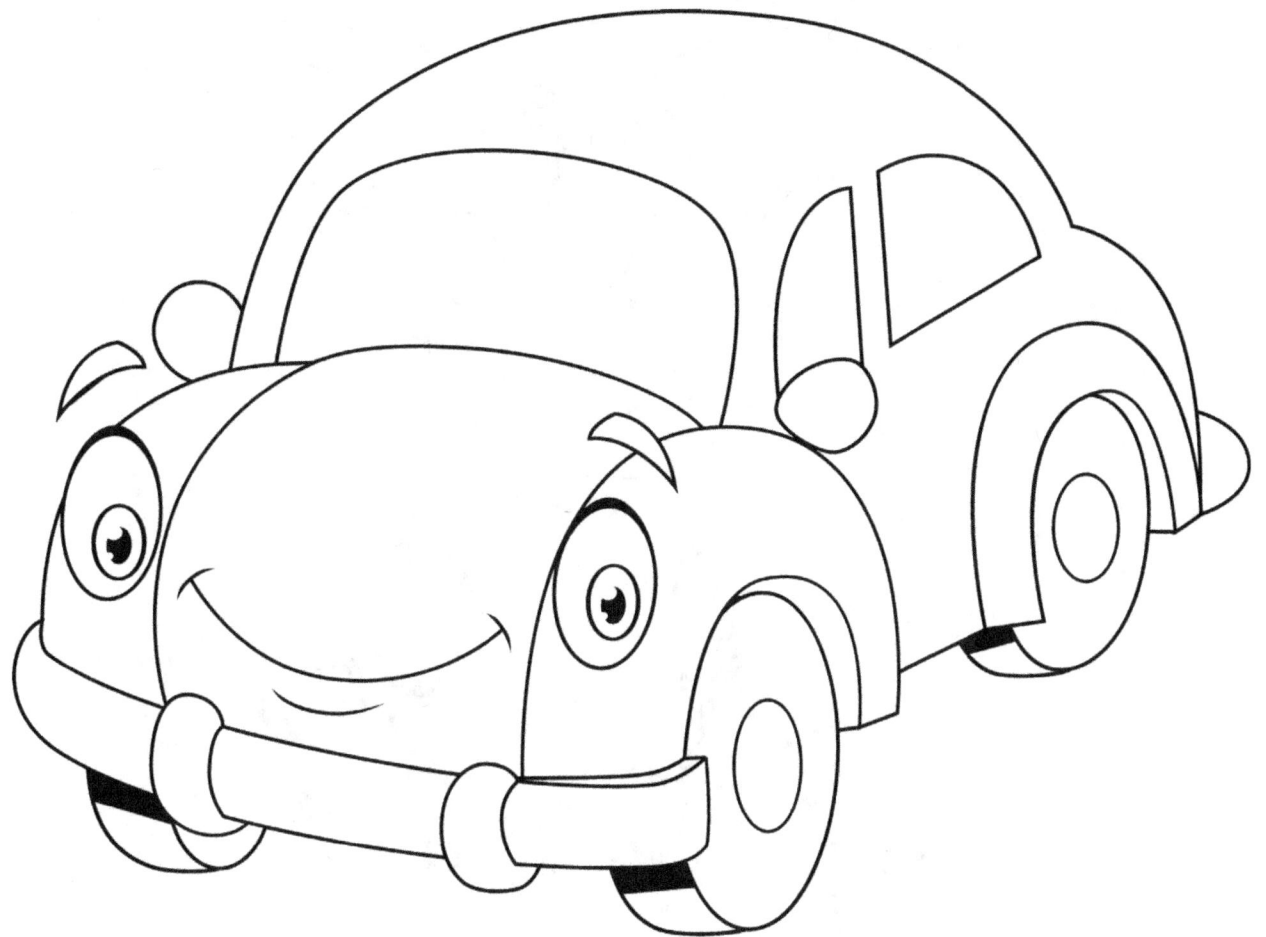

Auto

Auto

Gata

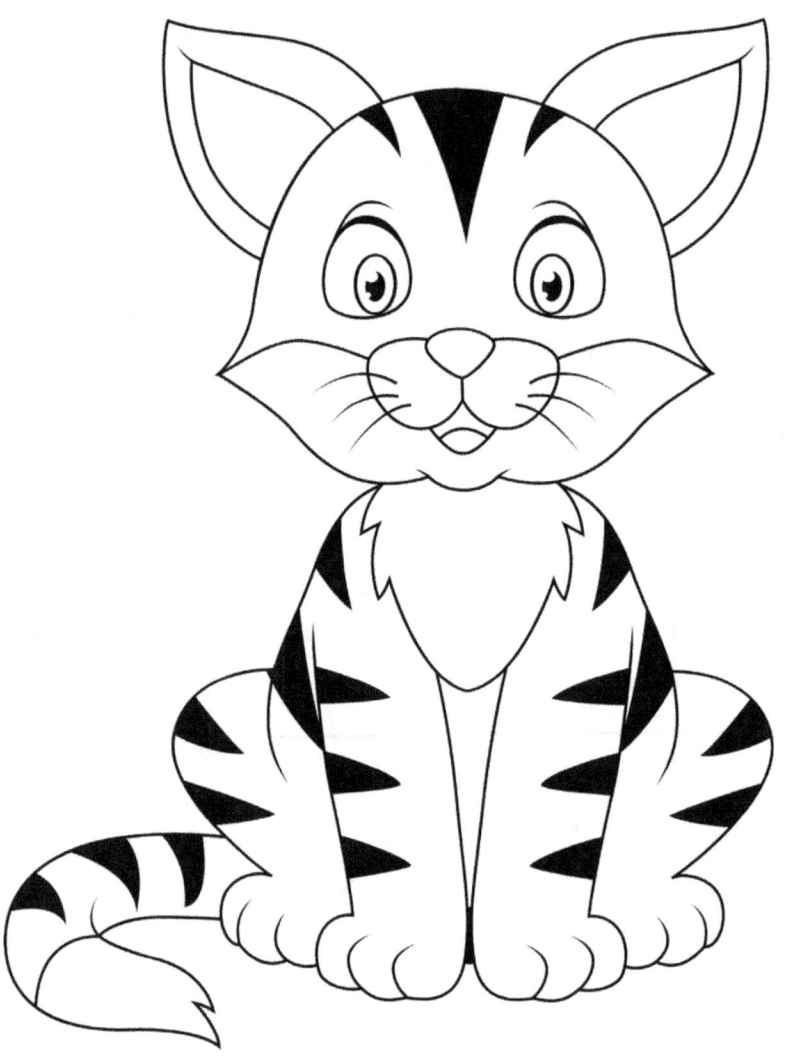

Kat

Kat

Urso

_e_r

Livro

B_e_

Carro

_ut_

Gata

__t

Milho

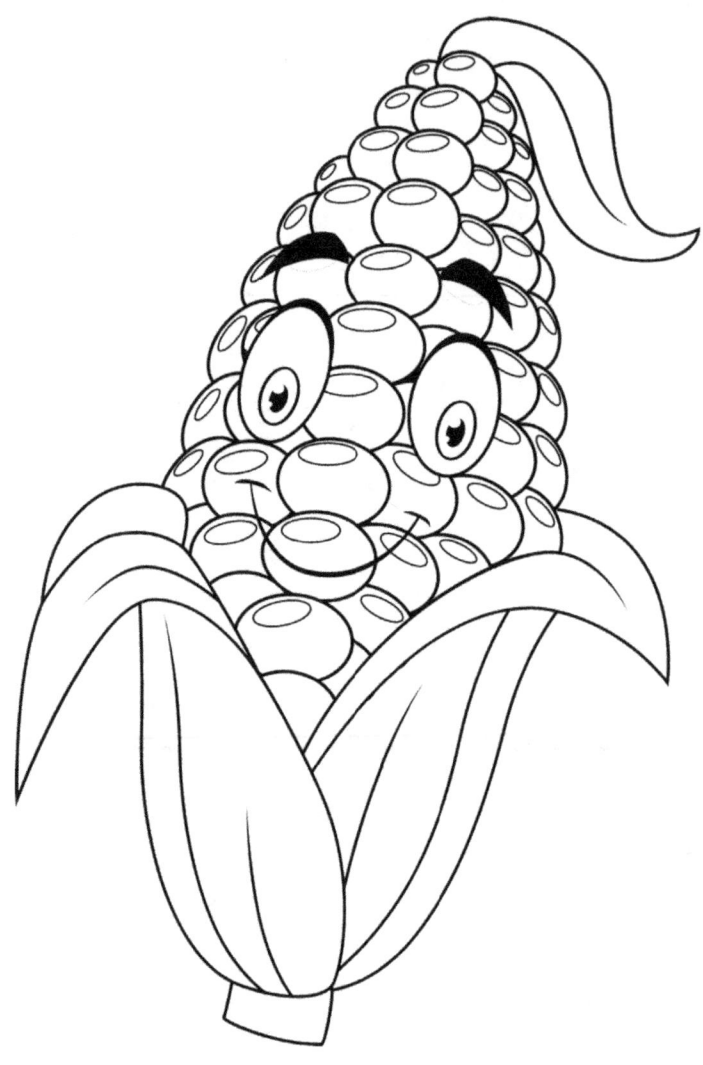

Maïs

Maïs

Cachorro

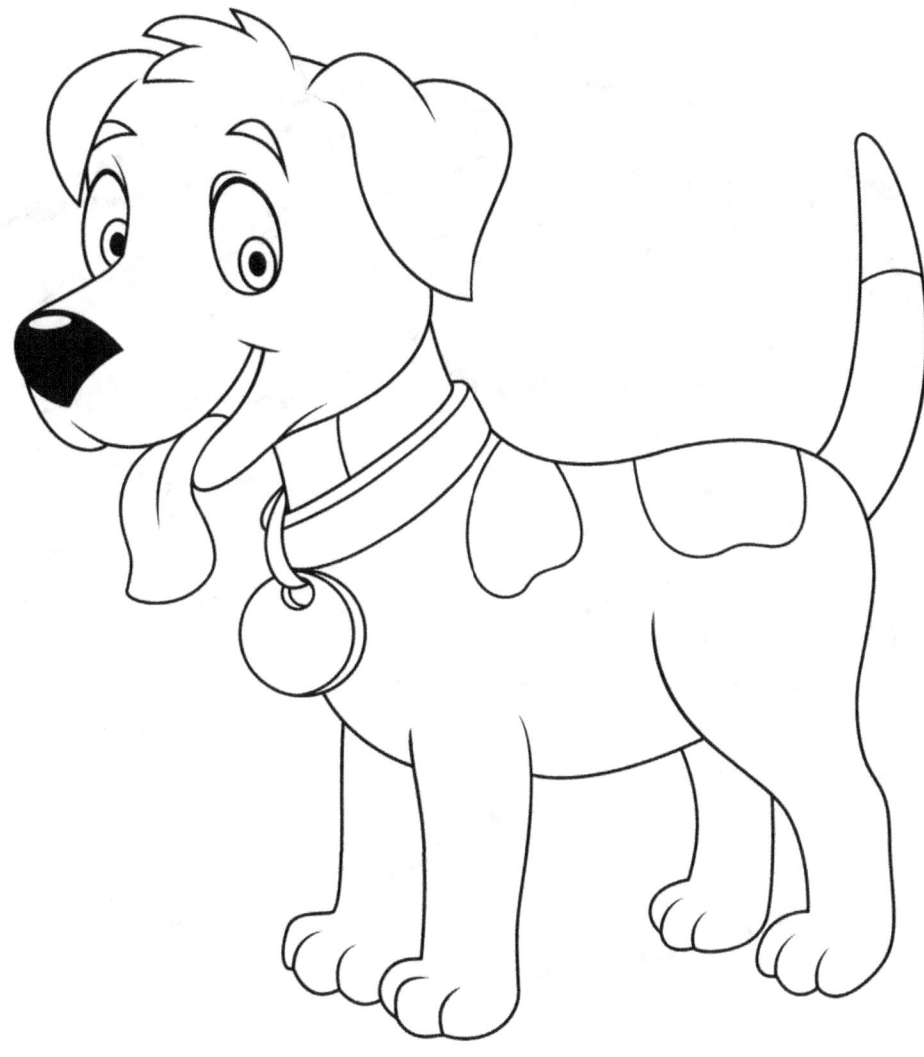

Hond

Hond

Rosquinha

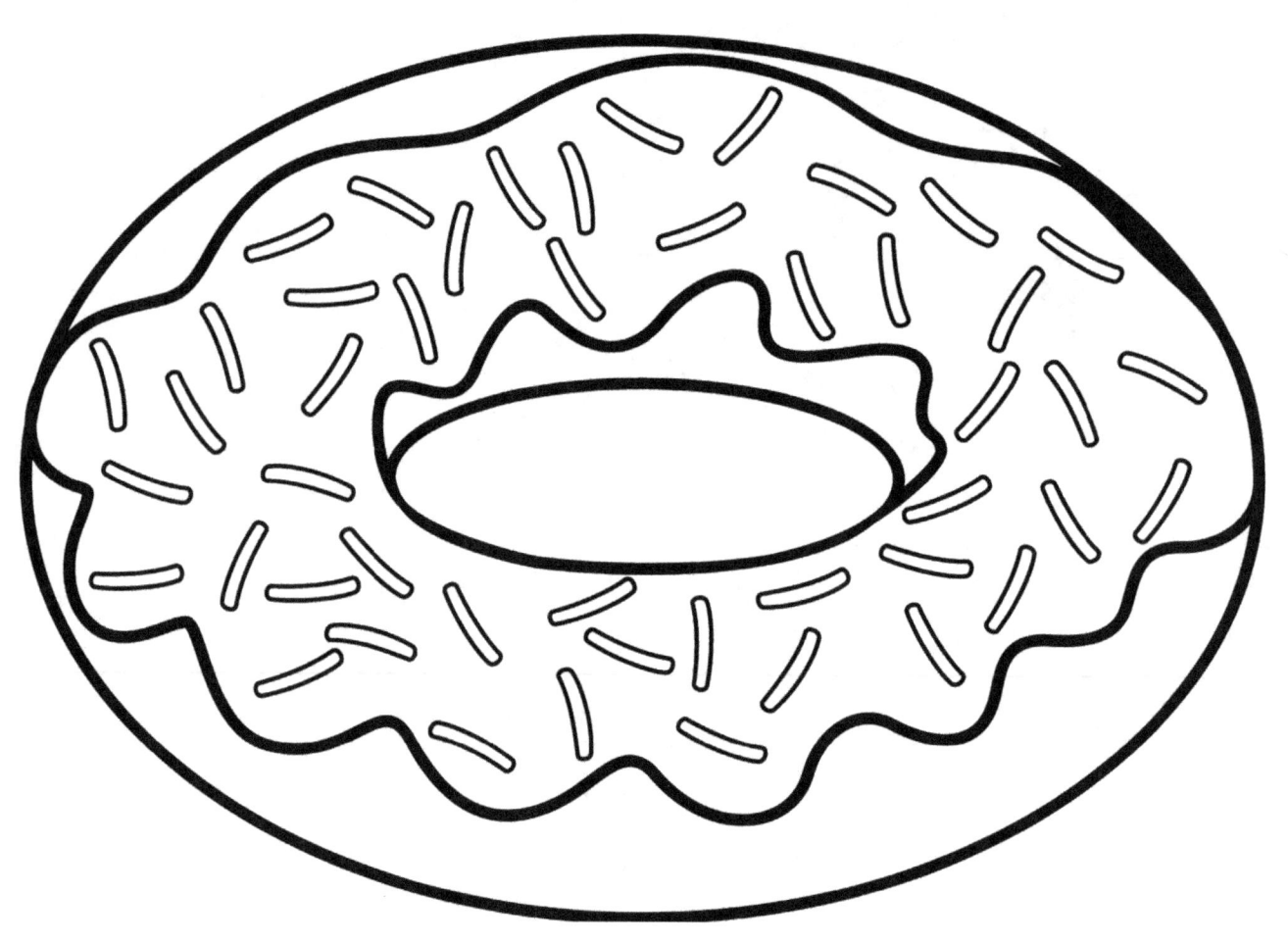

Donut

Donut

Tambor

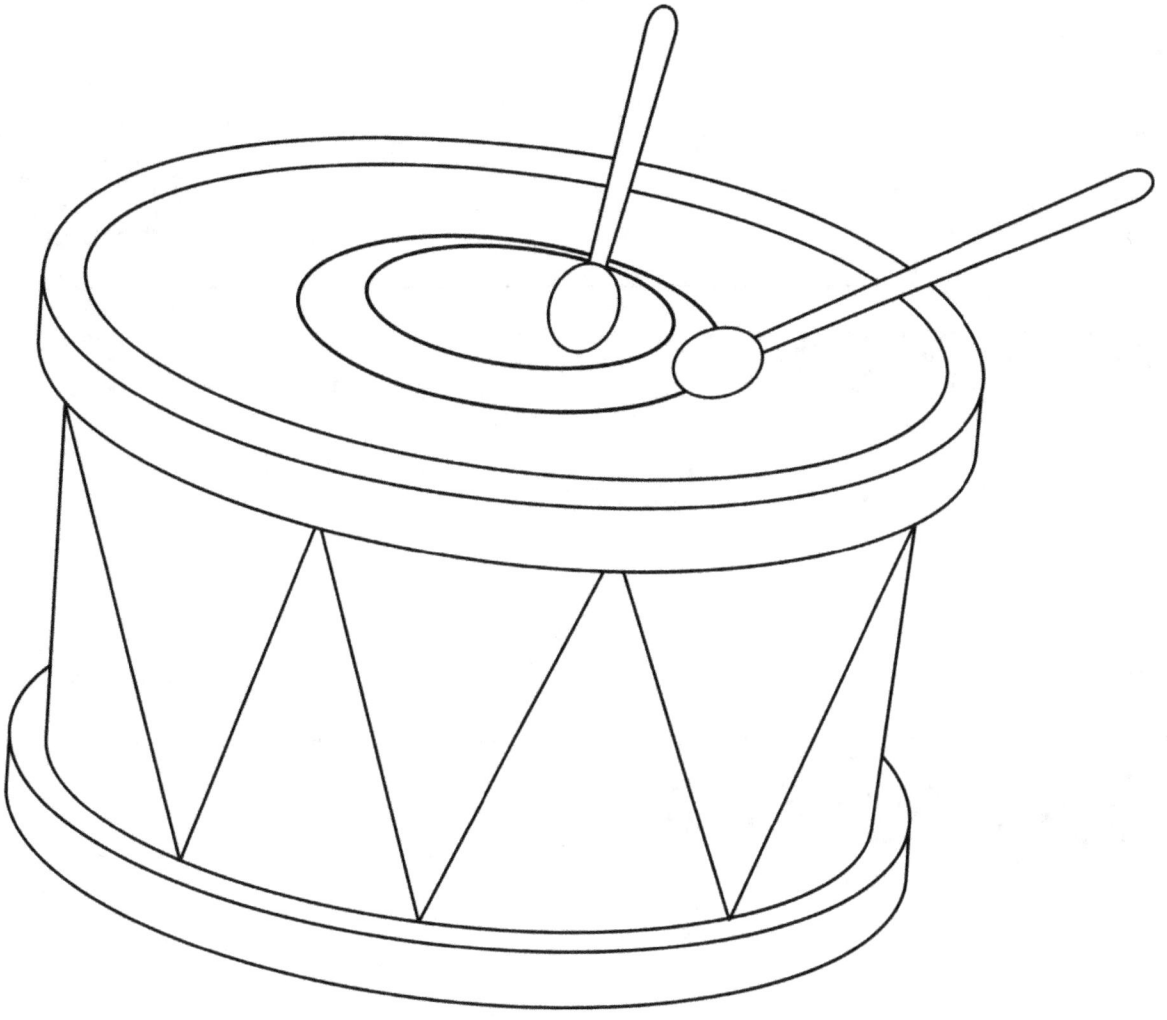

Trommel

Trommel

Milho

M_ïs

Cachorro

__nd

Rosquinha

_onut

Tambor

T_ommel

Caracol

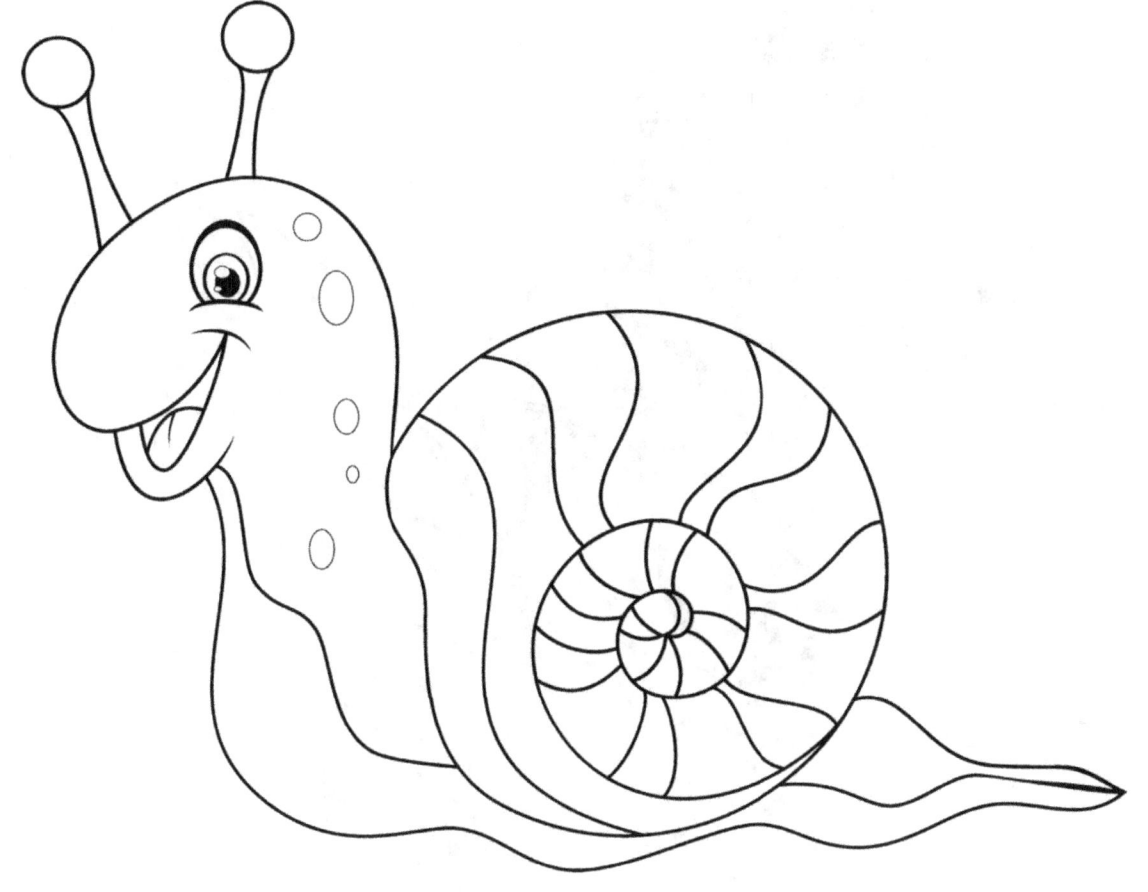

Slak

Slak

Zebra

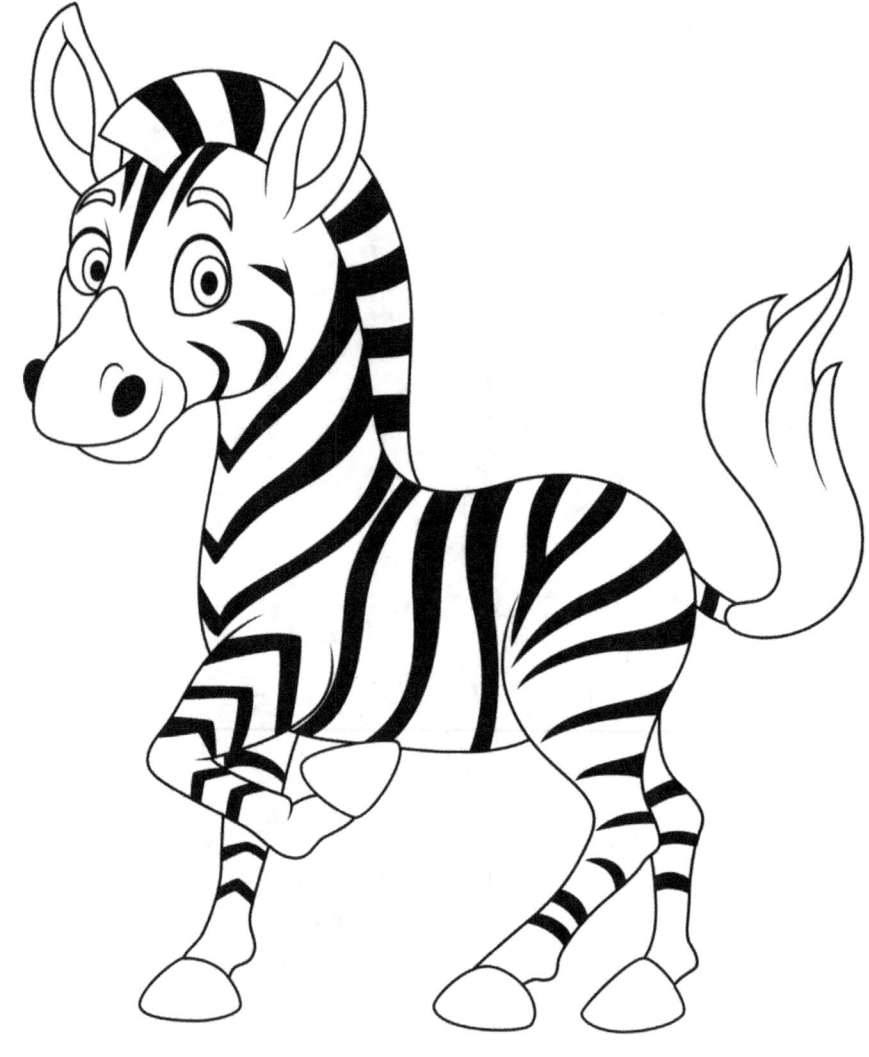

Zebra

Zebra

Elefante

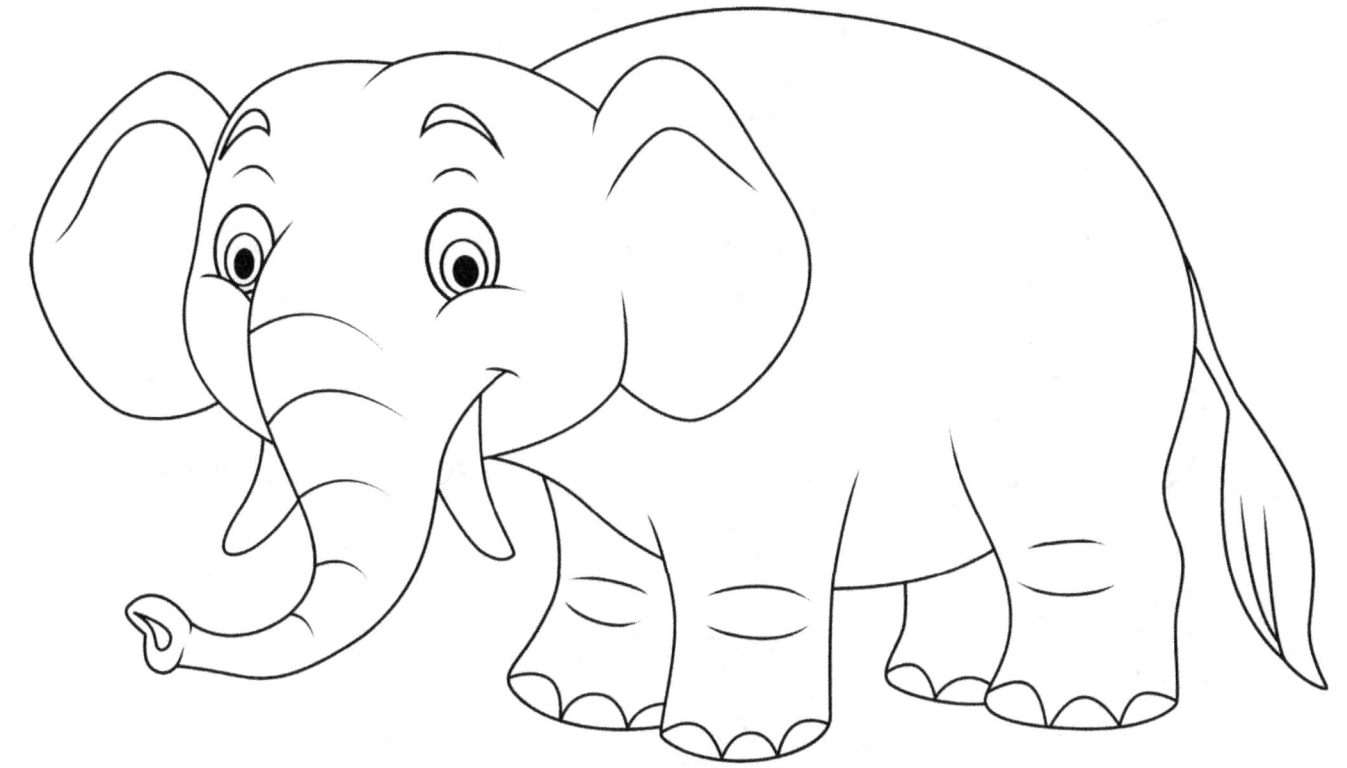

Olifant

Olifant
_____
_____
_____

Peixe

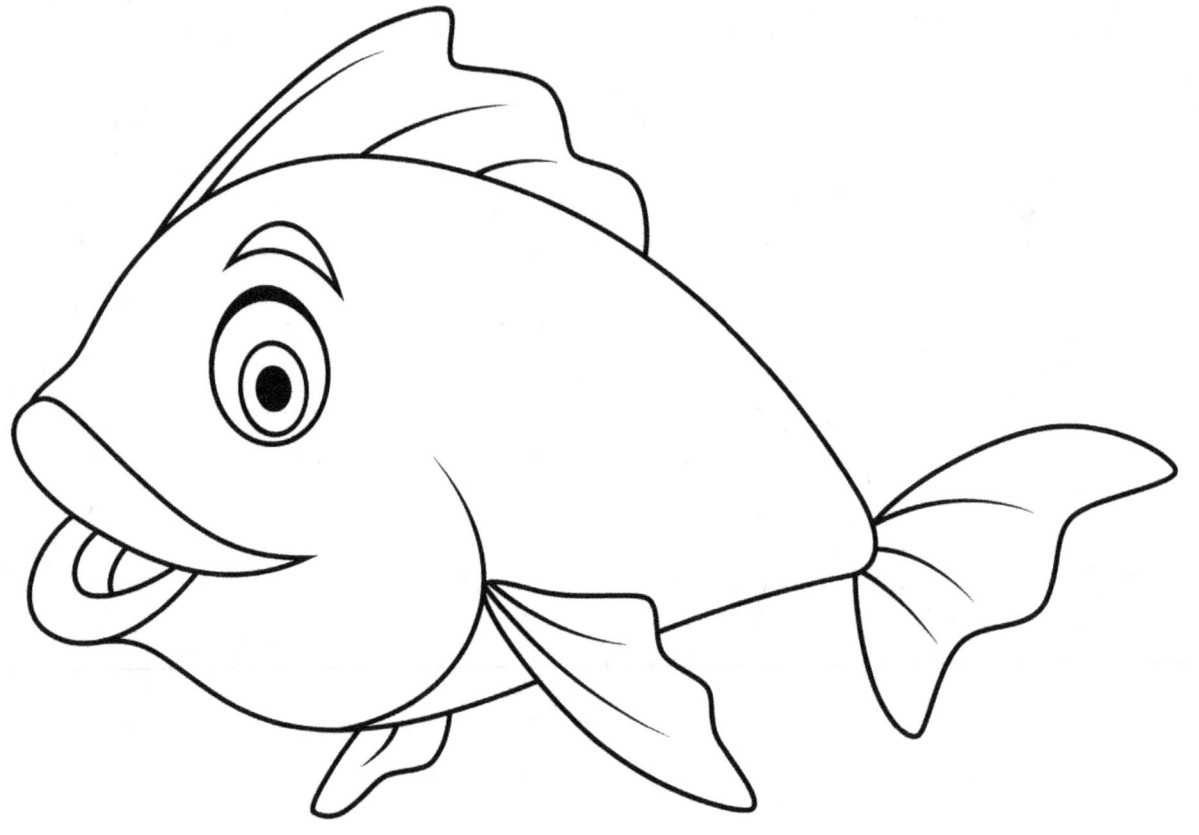

Vis

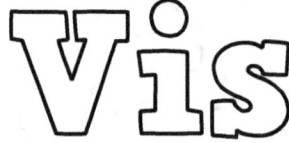

_____

_____

Caracol

Sl_k

Zebra

_e_ra

Elefante

Oli_a_t

Peixe

V__

Flor

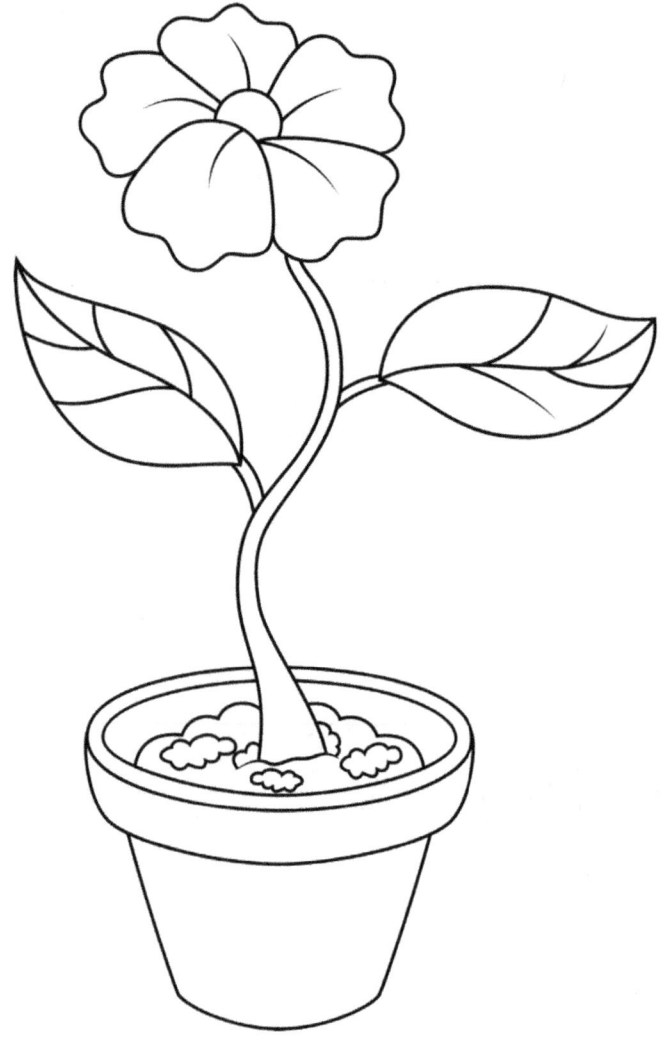

Bloem

Bloem

Raposa

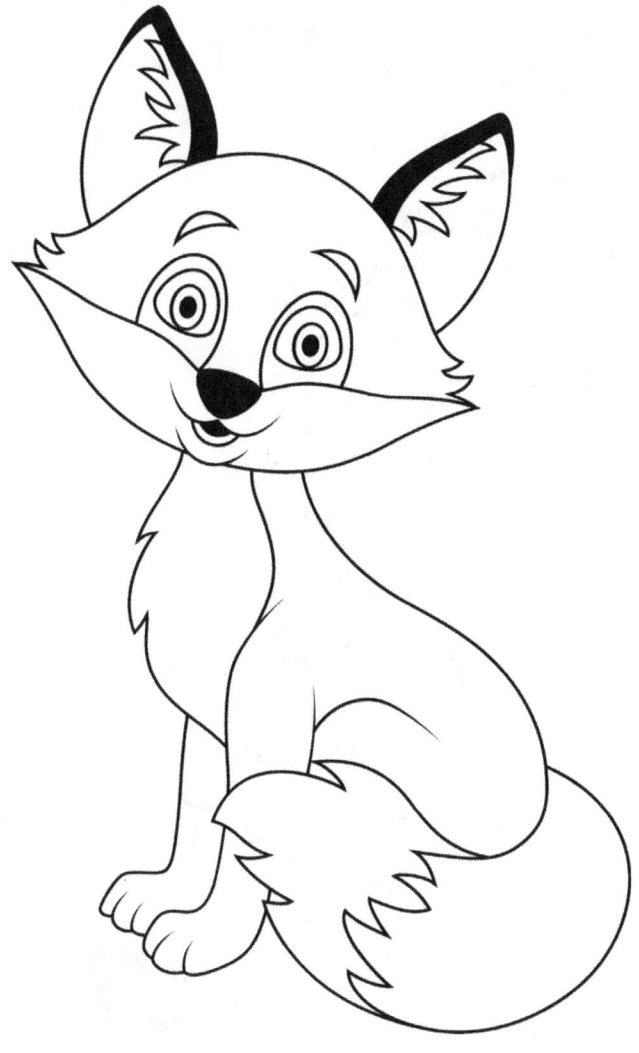

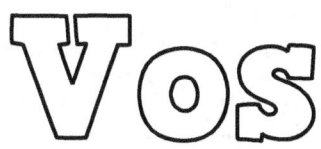

Vos
_____
_____
_____

Girafa

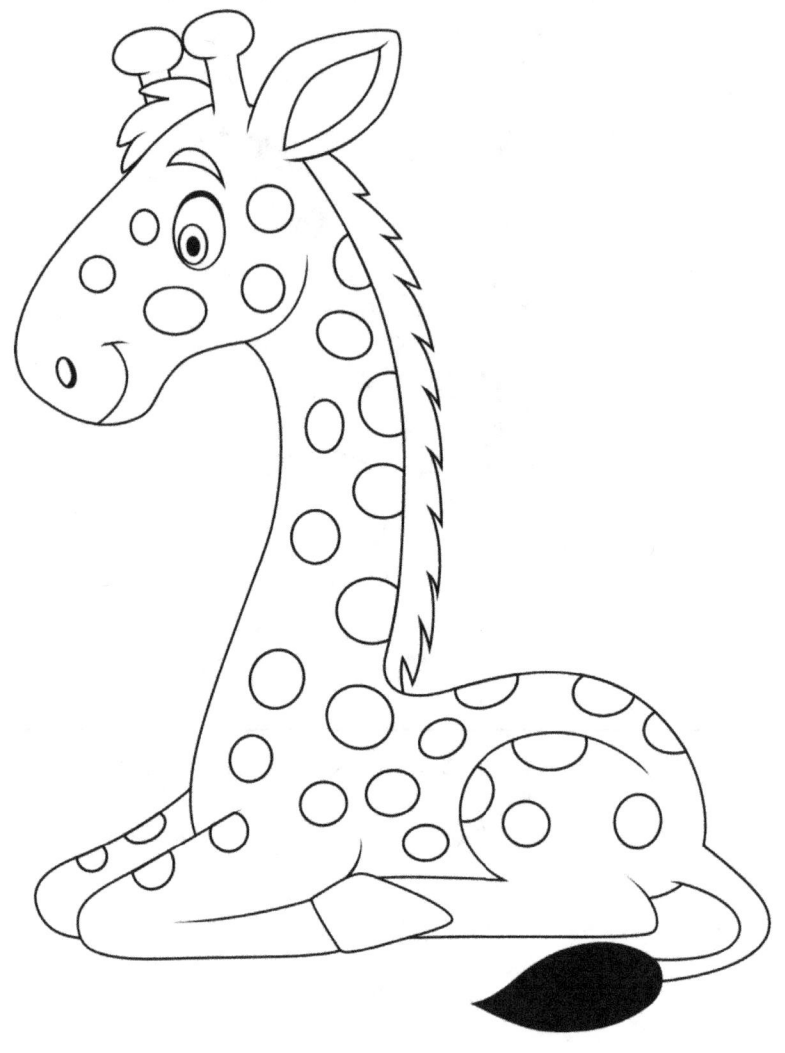

Giraf

Giraf
_____

_____

_____

Óculos

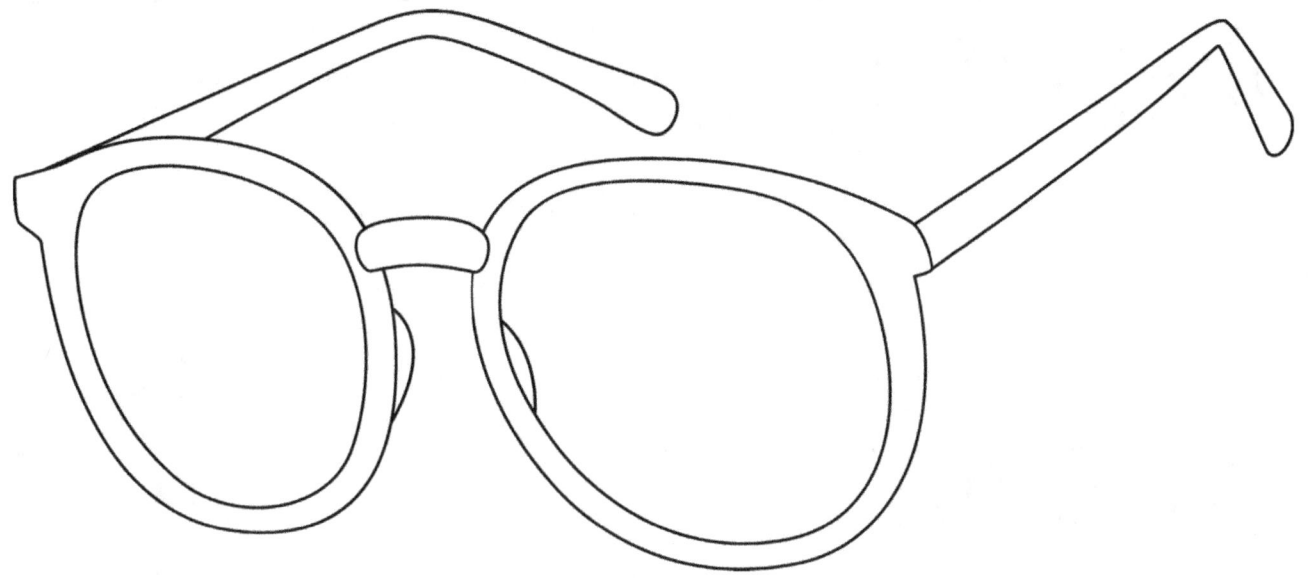

Bril

Bril
_____
_____
_____

Flor

_l_em

Raposa

Vo_

Girafa

_i_af

Óculos

B__l

Uva

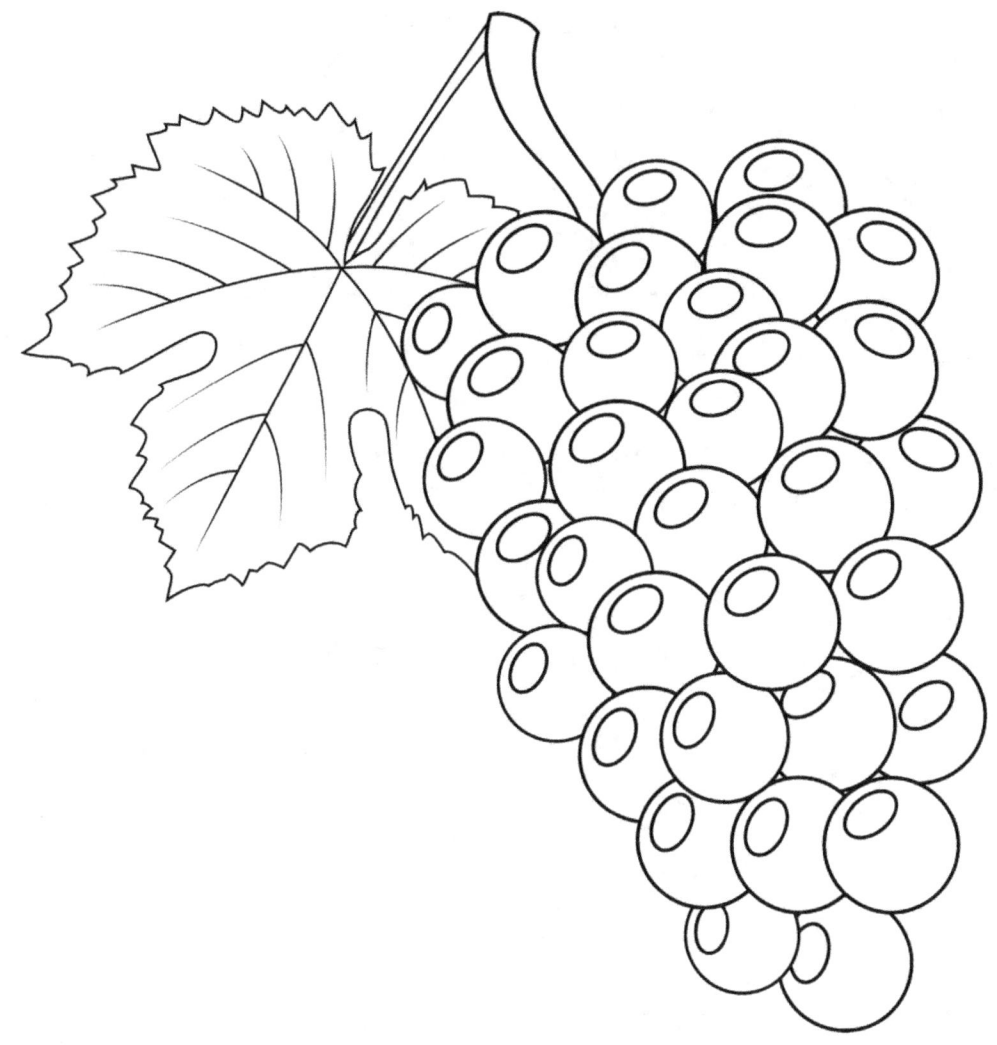

Druif

Druif

Hambúrguer

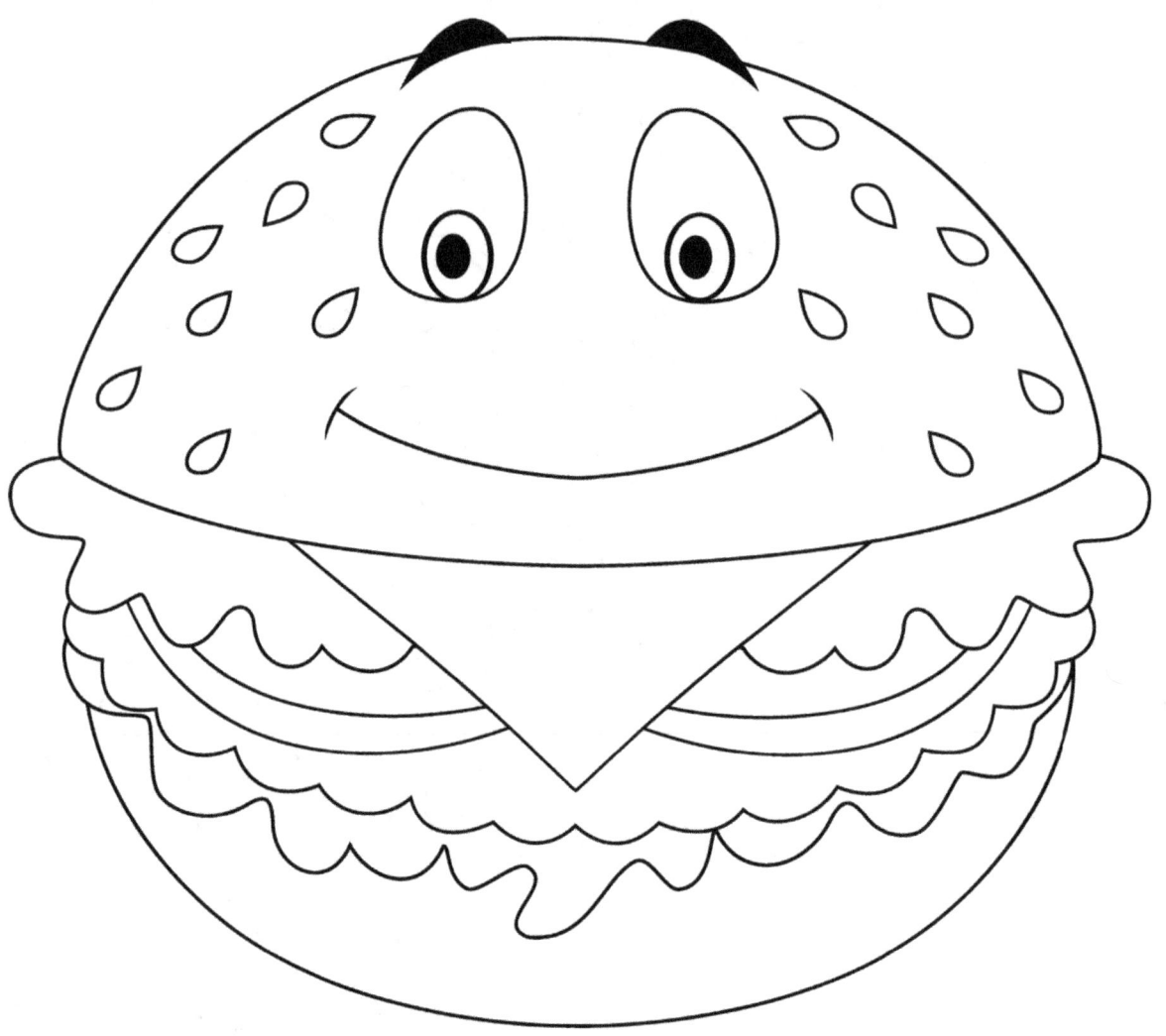

Hamburger

Hamburger

_____

_____

Hipopótamo

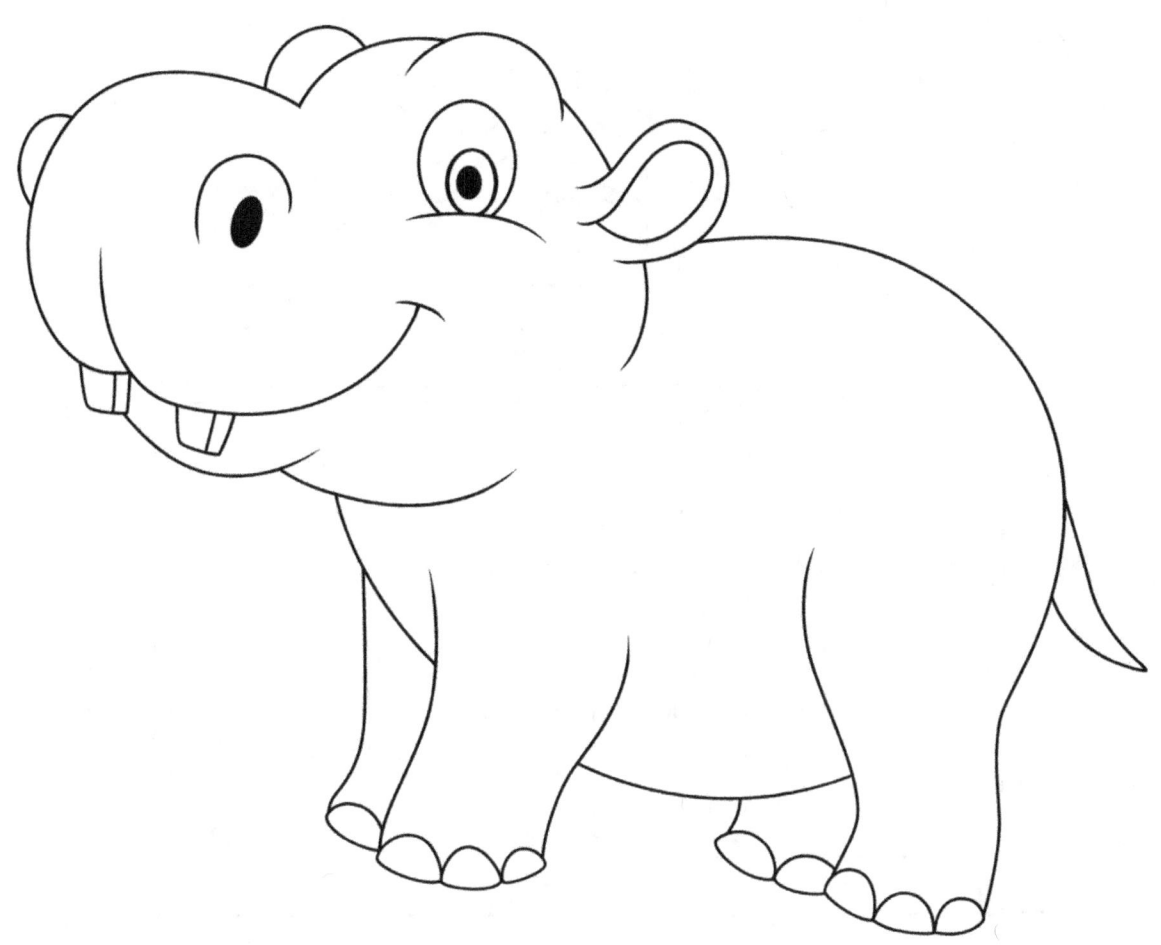

Nijlpaard

Nijlpaard

Casa

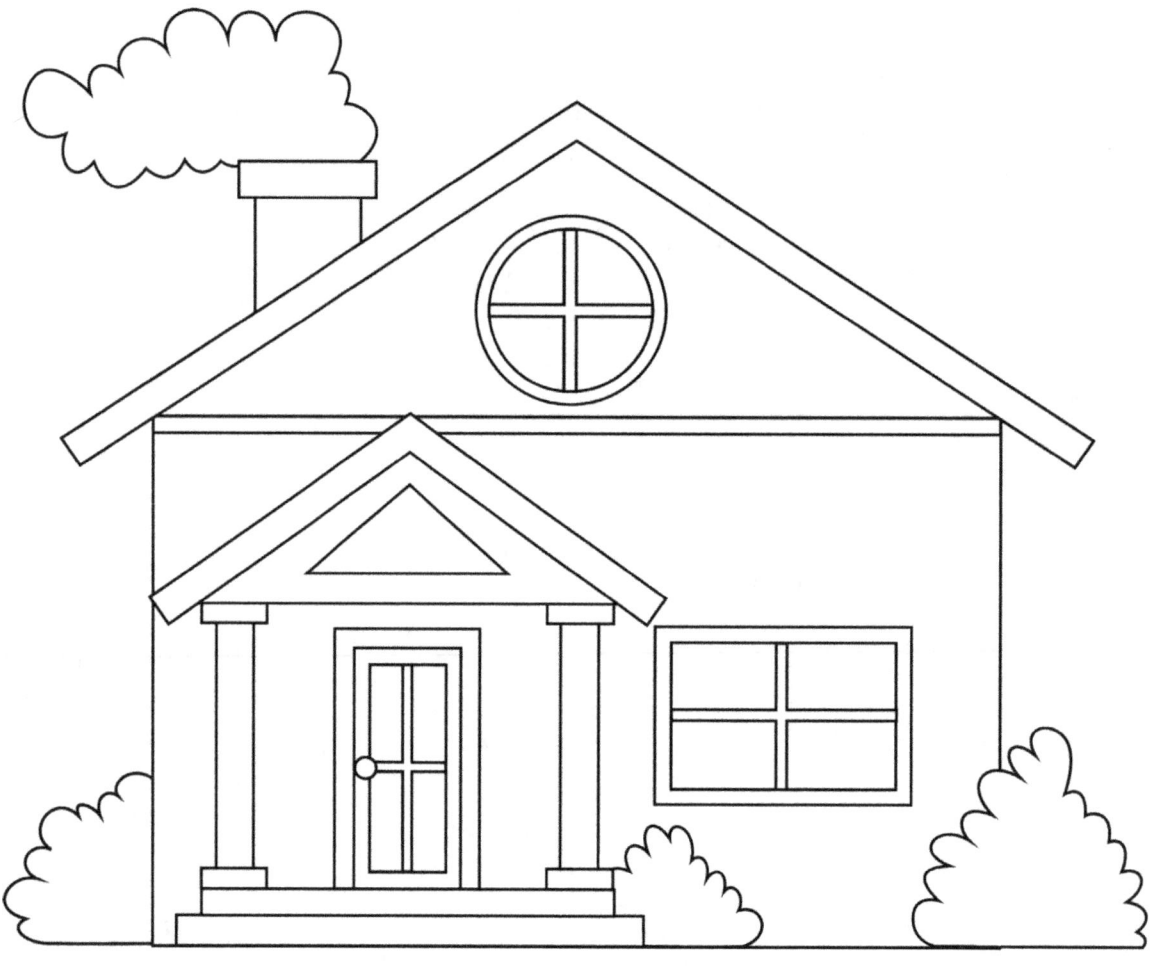

Huis

Huis
_____
_____
_____

Uva

D_u_f

Hambúrguer

_amburg_r

Hipopótamo

Nijlp__rd

Casa

_ui_

Sorvete

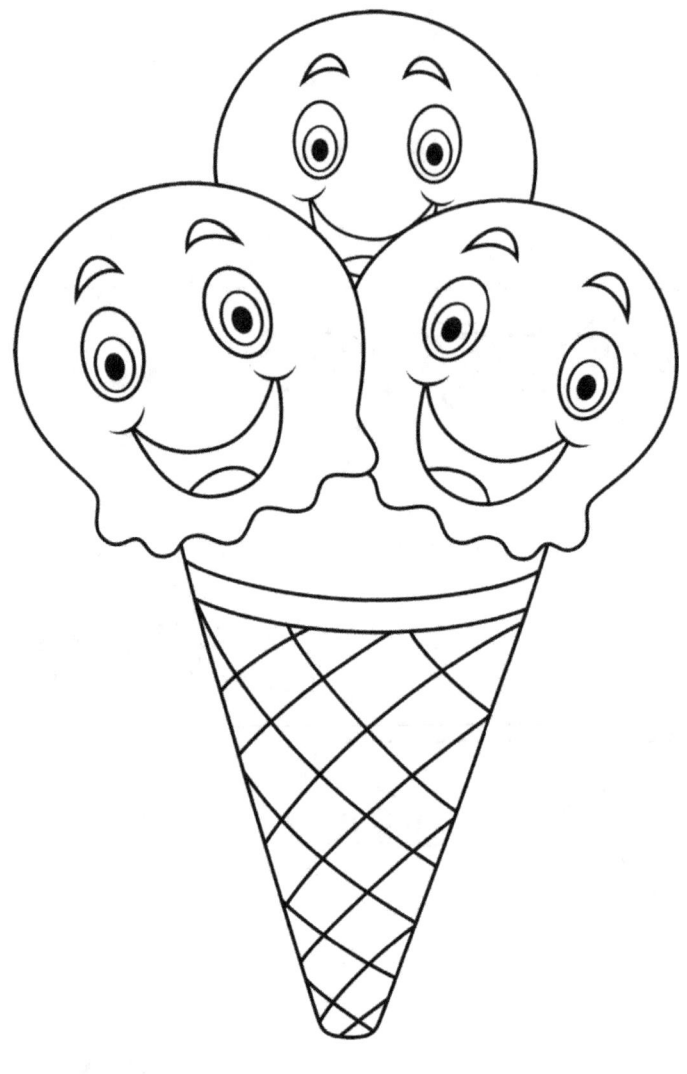

Ijs

Ijs
_____

_____

Iguana

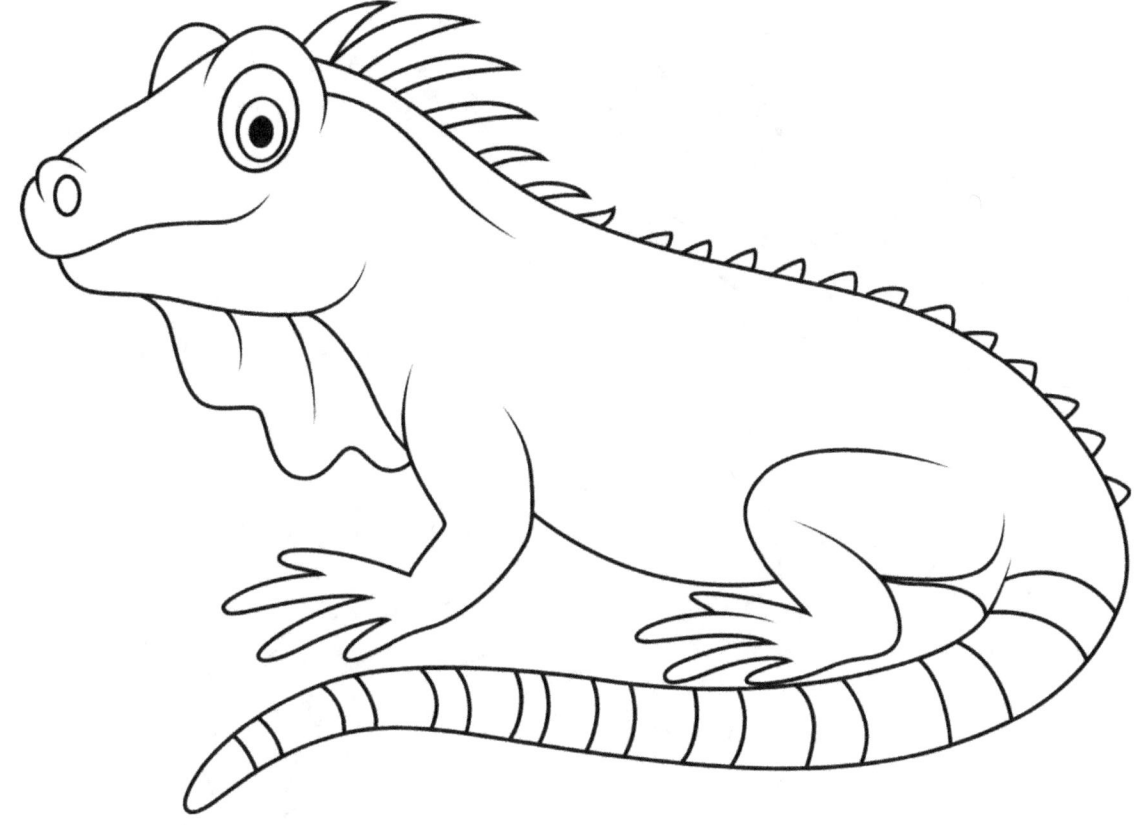

Leguaan

Leguaan
_____
_____
_____

Pato

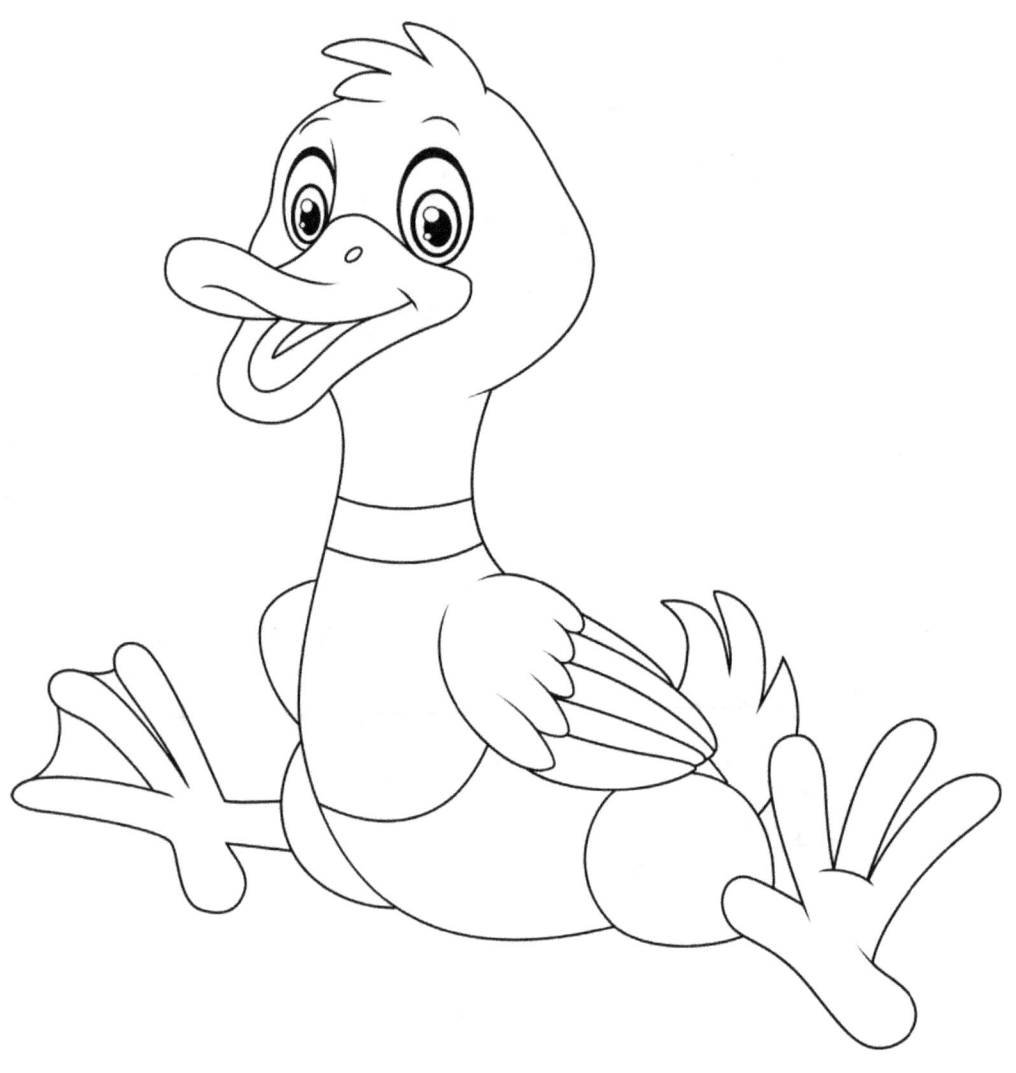

Eend

Eend
_____

_____

_____

Jaguar

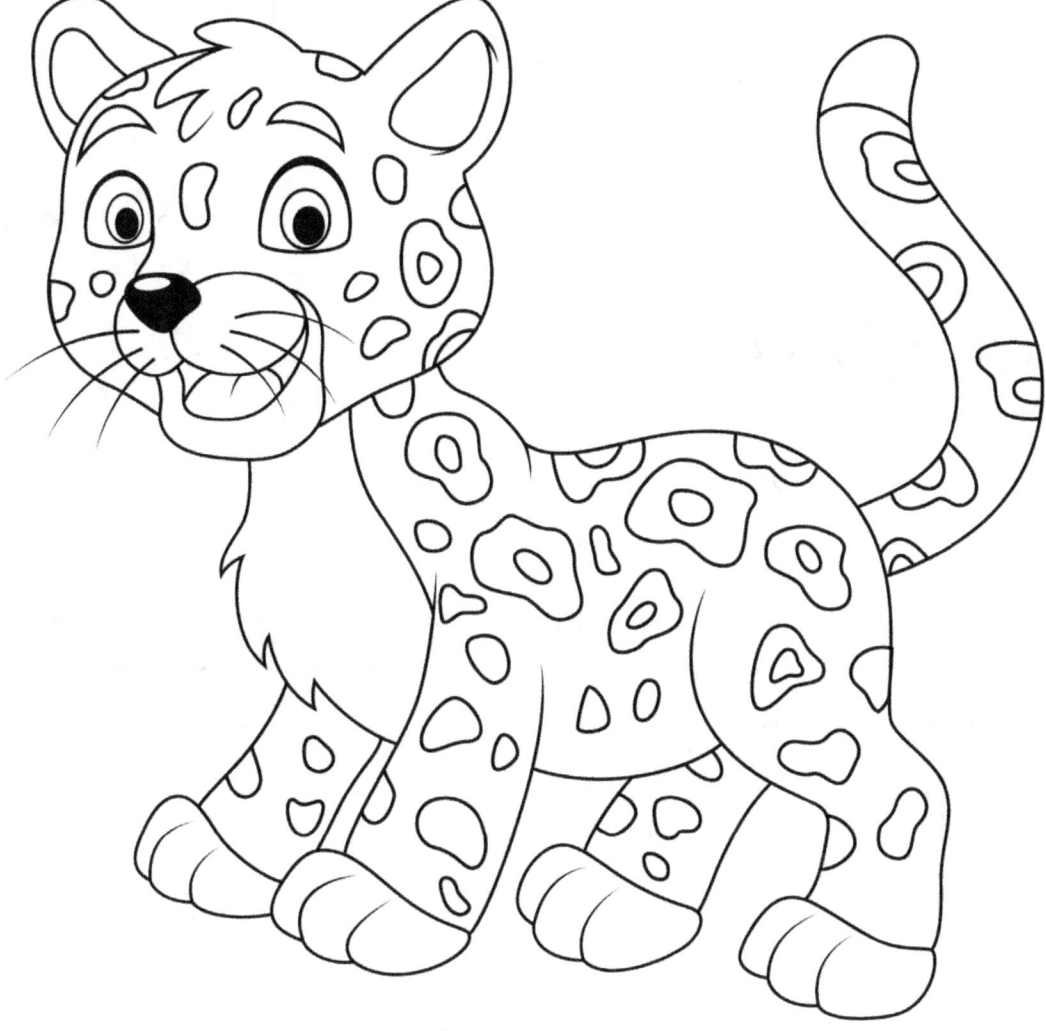

Jaguar

Jaguar
_____
_____
_____

Sorvete

__s

Iguana

Le__aan

Pato

E_nd

Jaguar

Jag_a_

Geléia

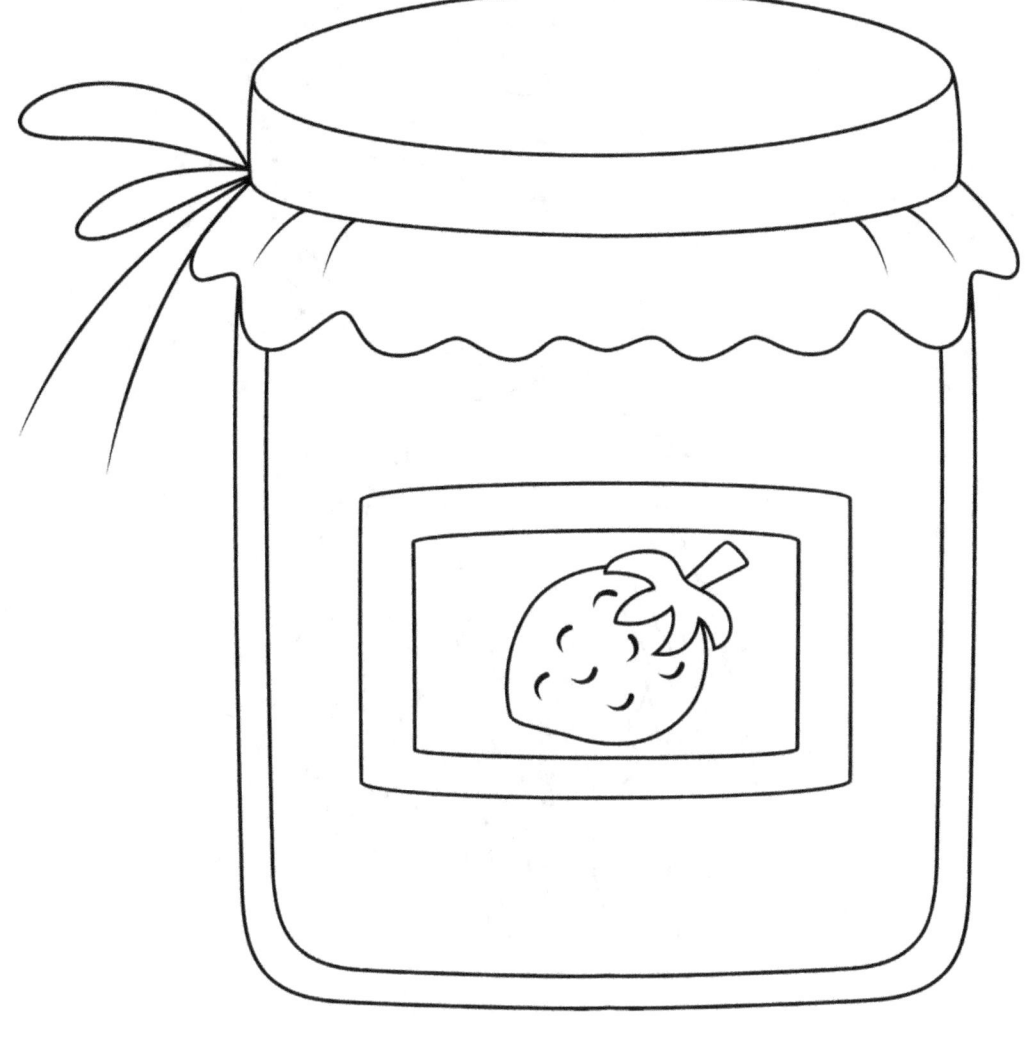

Jam

Jam

Água-viva

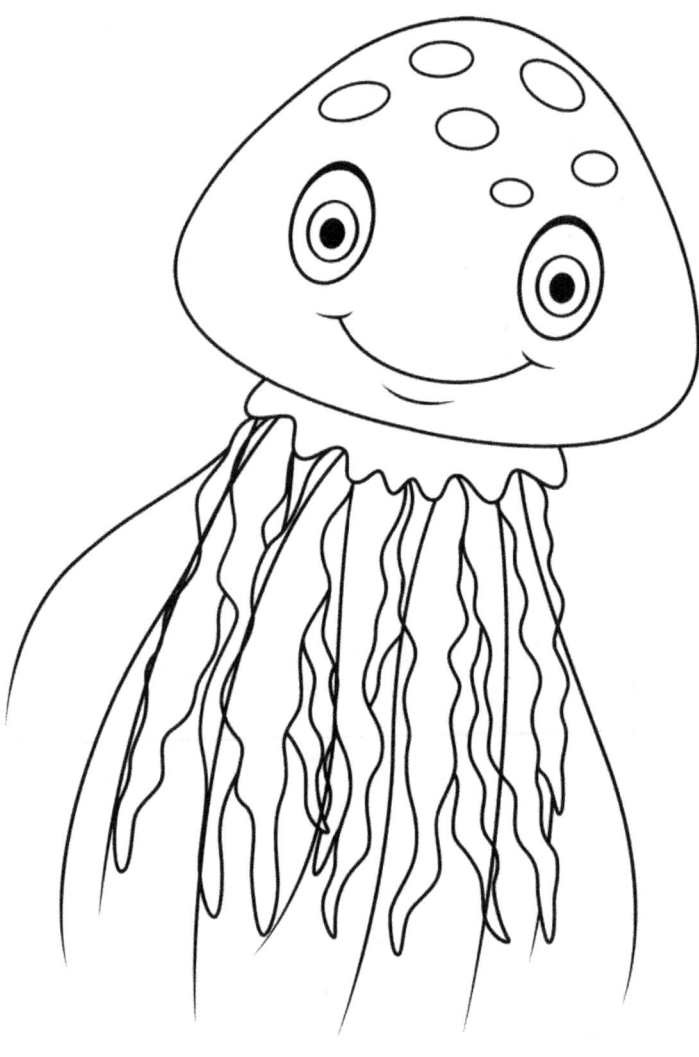

Kwal

Kwal

Zepelim

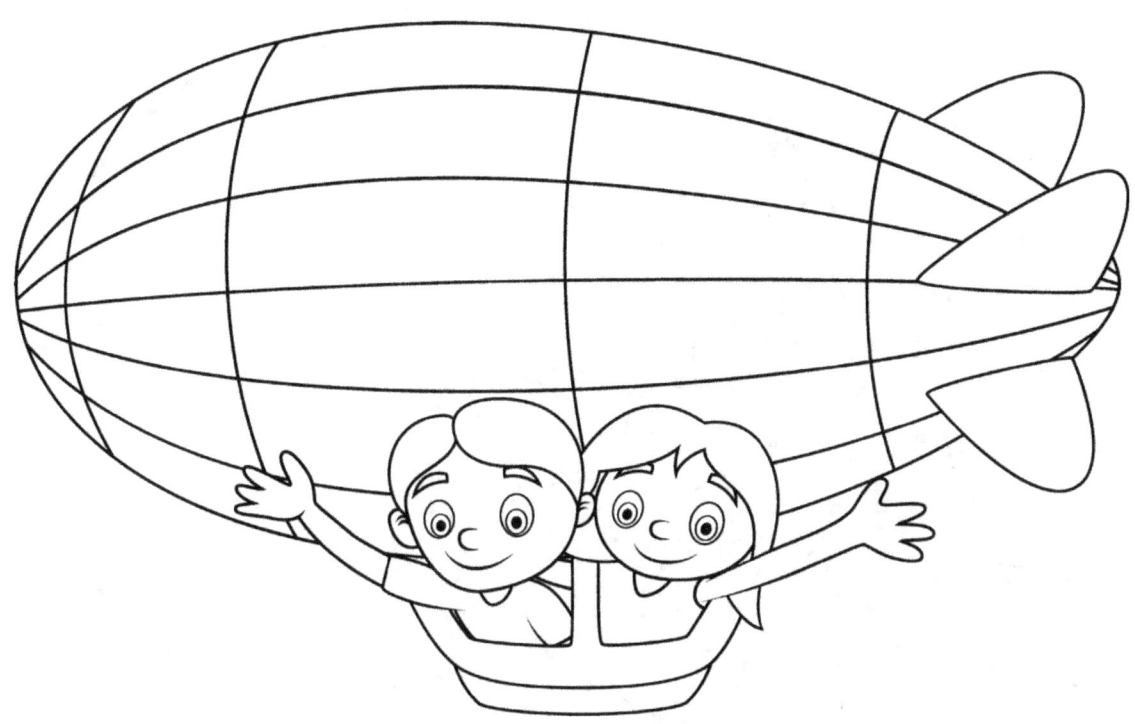

Zeppelin

Zeppelin
_____
_____
_____

Kiwi

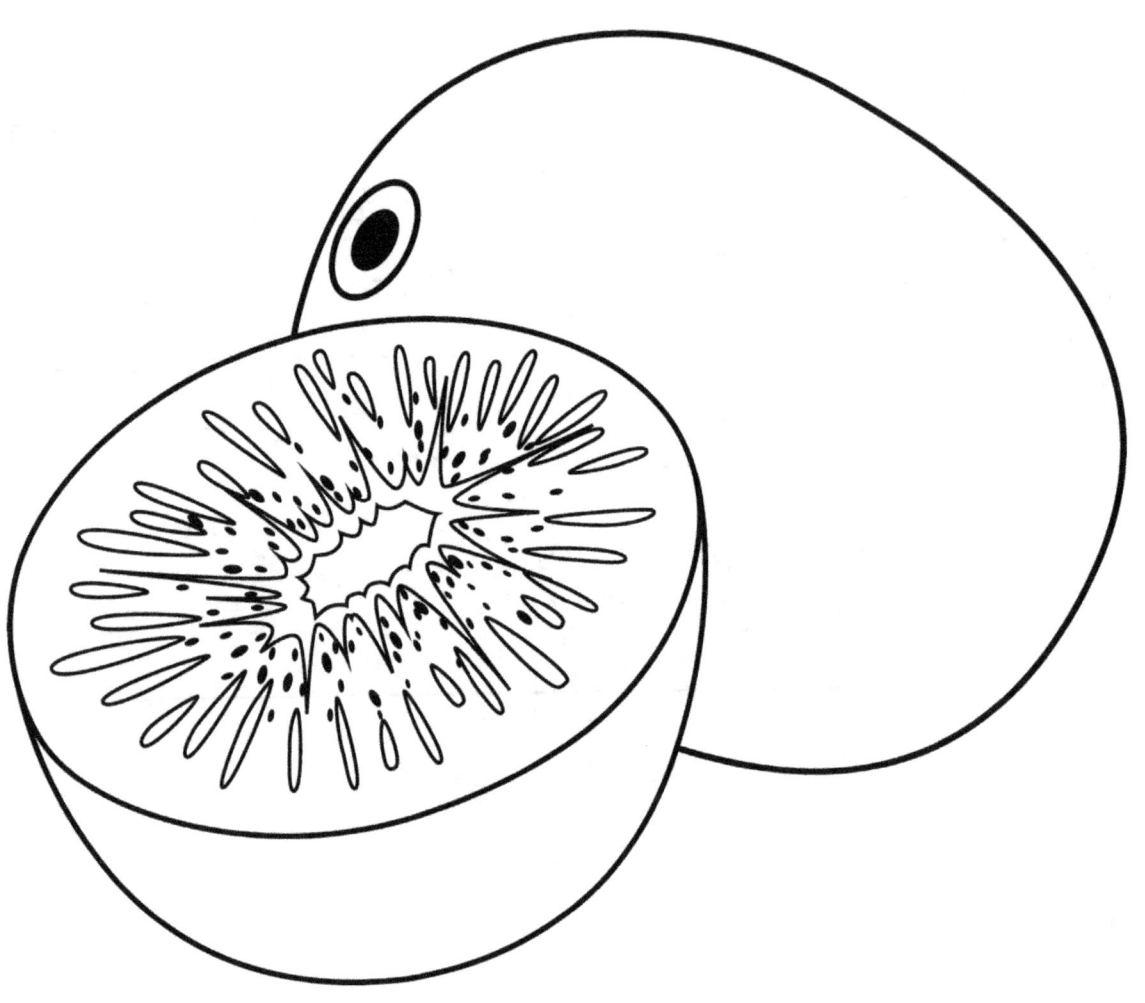

Kiwi

Kiwi

Geléia

J__

Água-viva

Kwa_

Zepelim

Ze_pe_in

Kiwi

_iw_

Morango

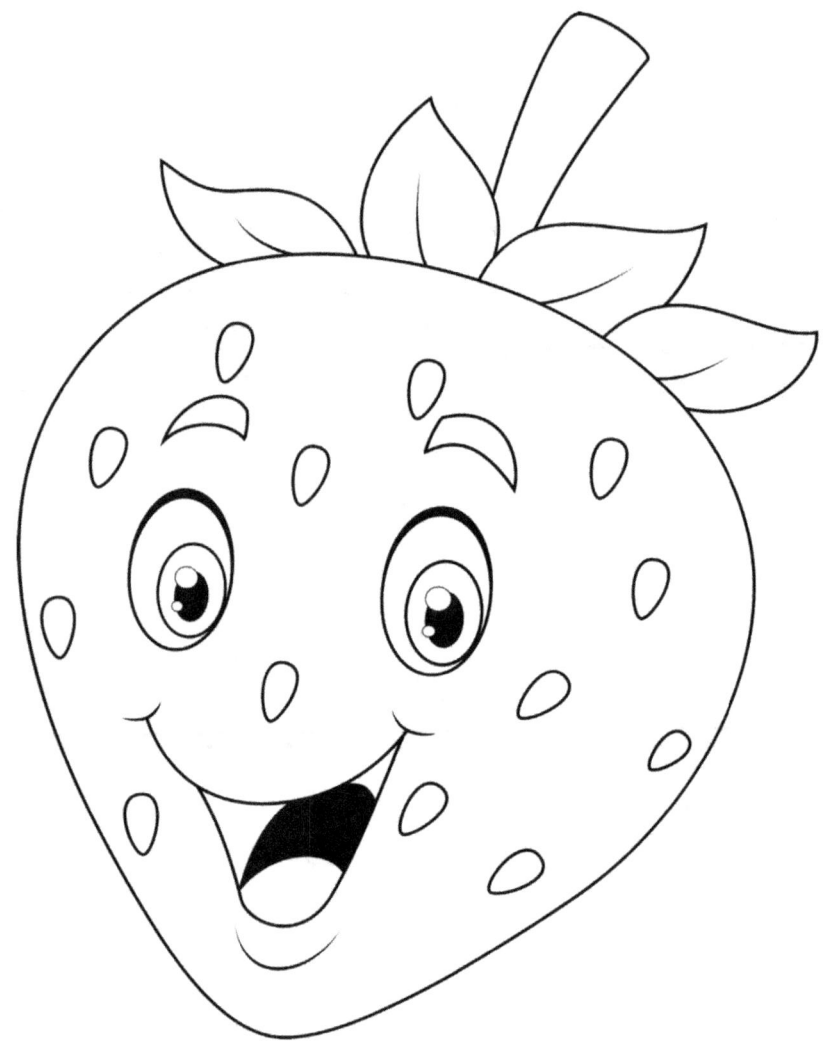

Aardbei

Aardbei

Folhas

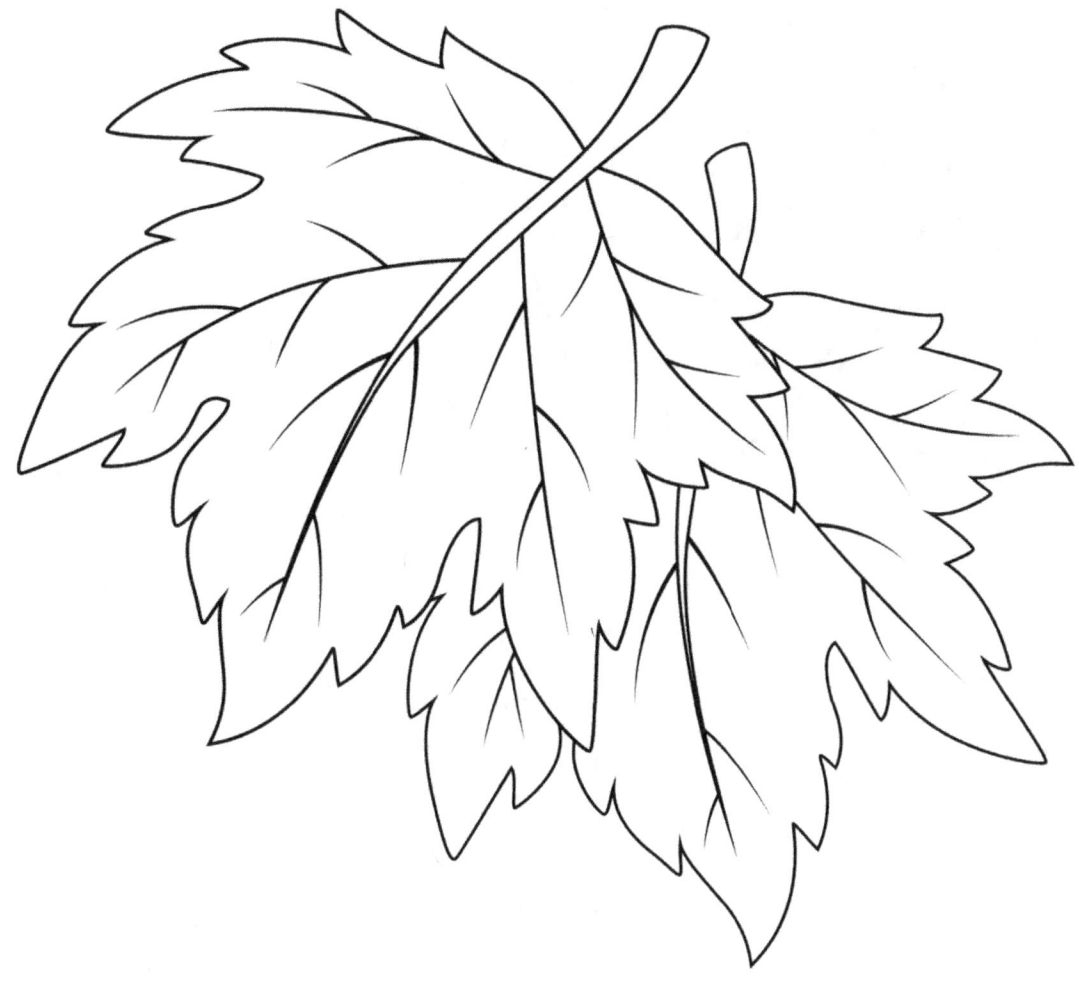

Bladeren

Bladeren
_____
_____
_____

Lâmpada

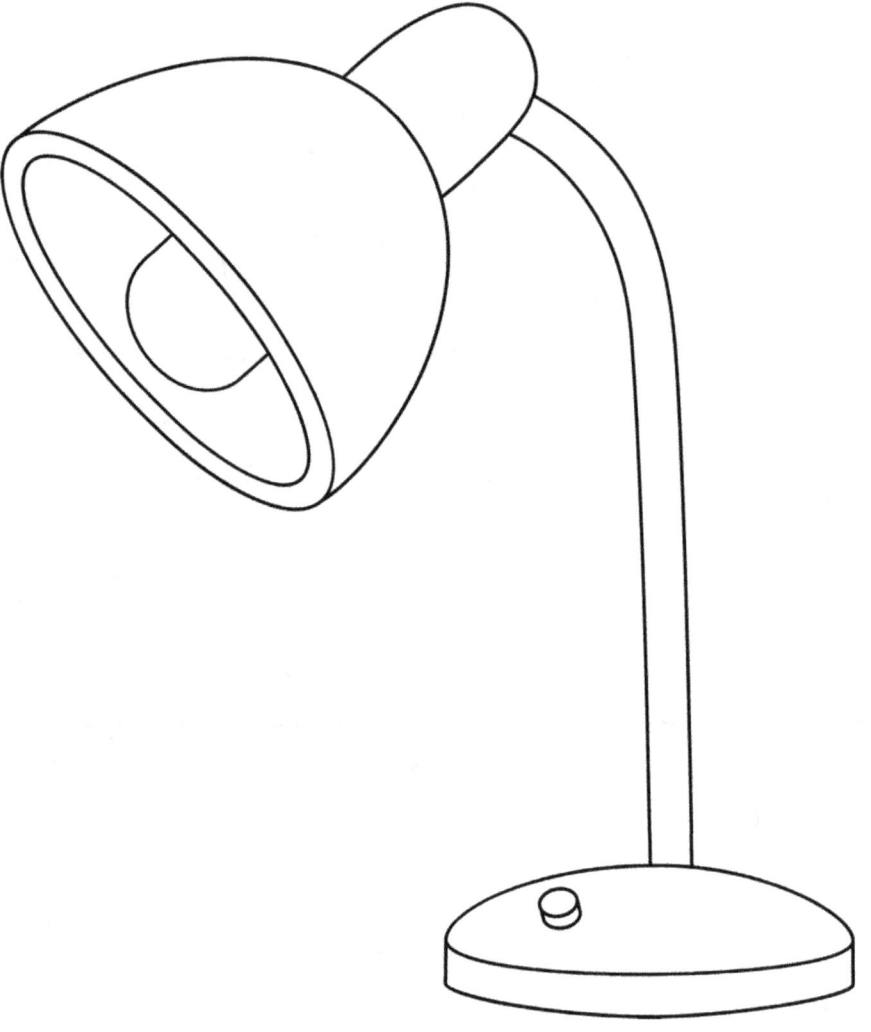

Lamp

Lamp

Leão

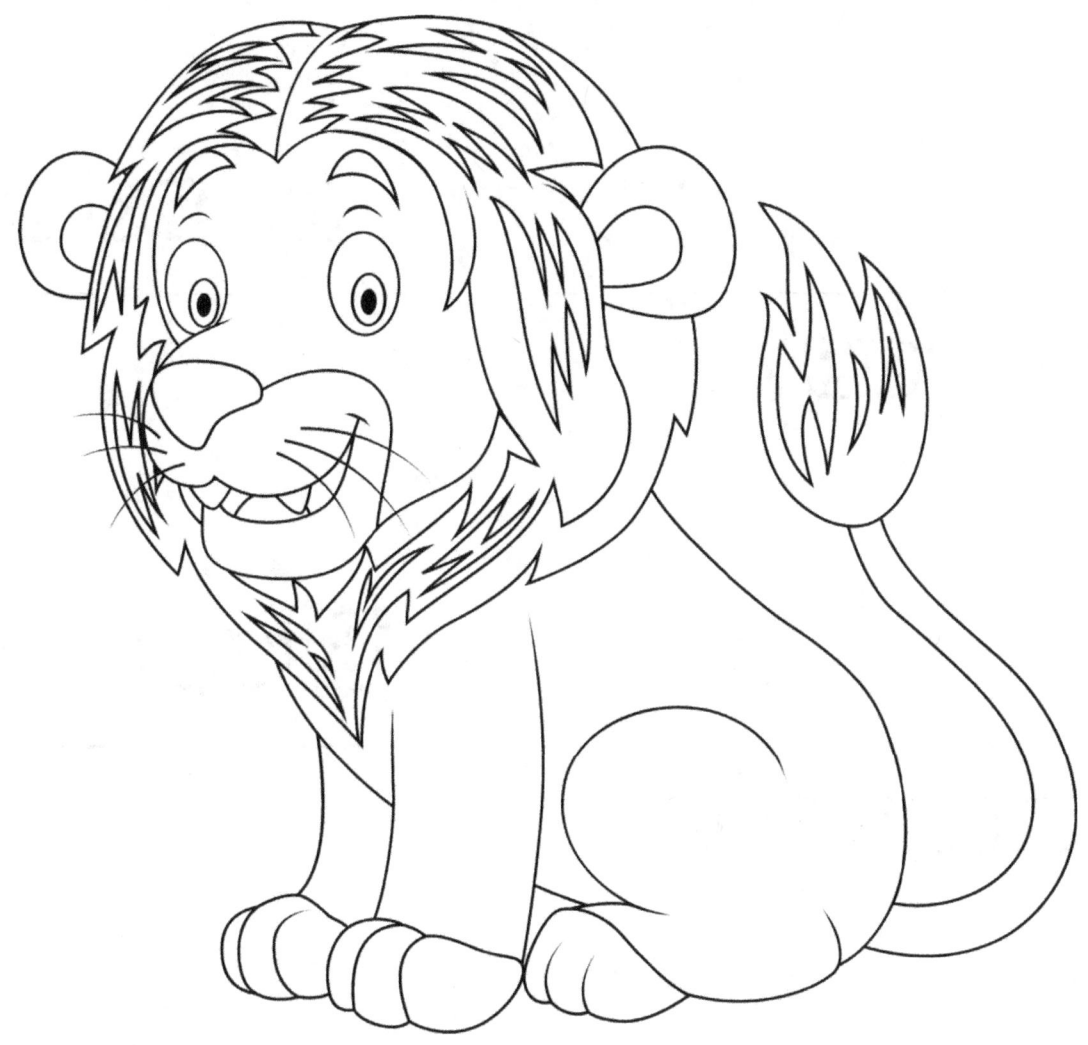

Leeuw

Leeuw

Morango

A_rdbei

Folhas

Bla_e_en

Lâmpada

__mp

Leão

_e_uw

Macaco

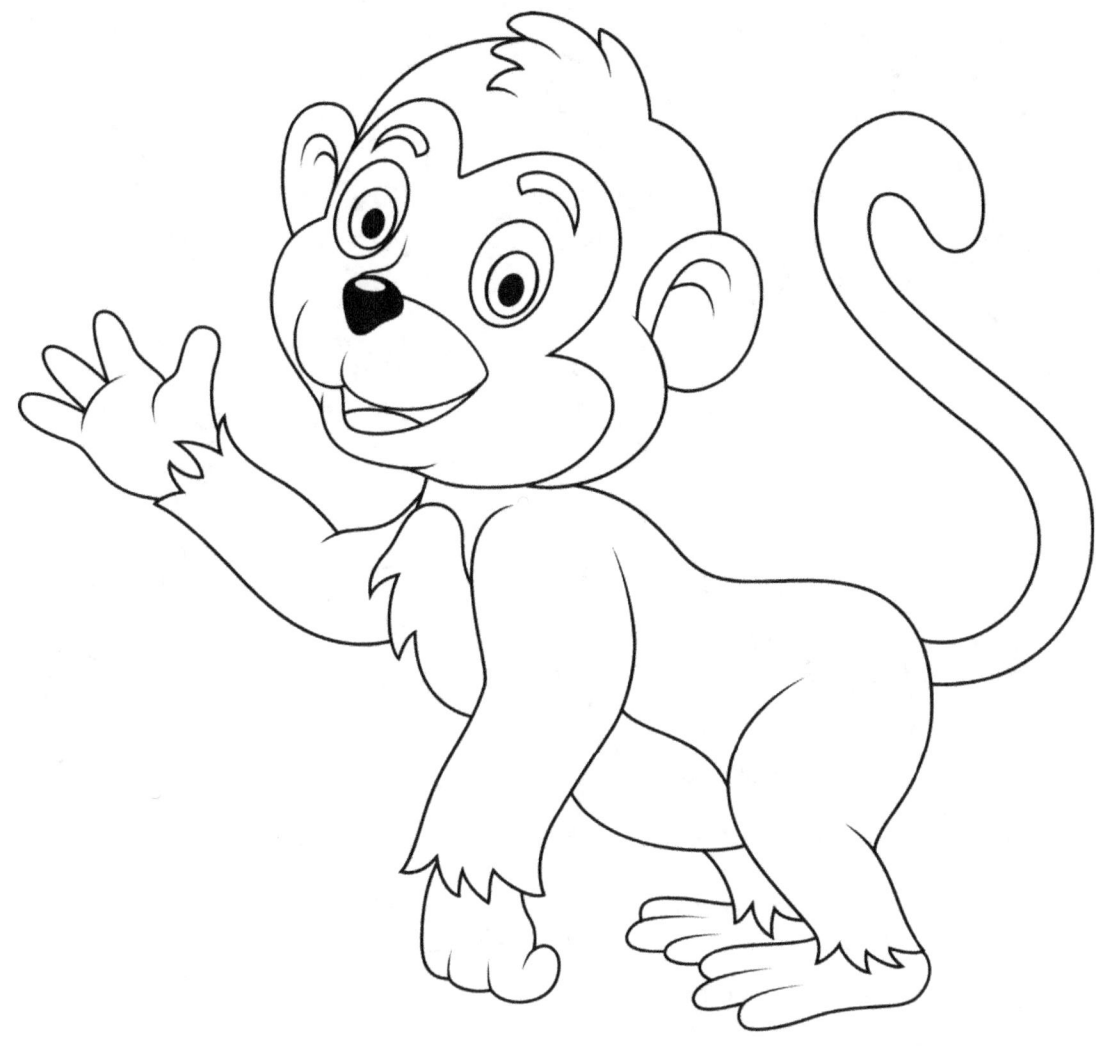

Aap

Aap

Rato

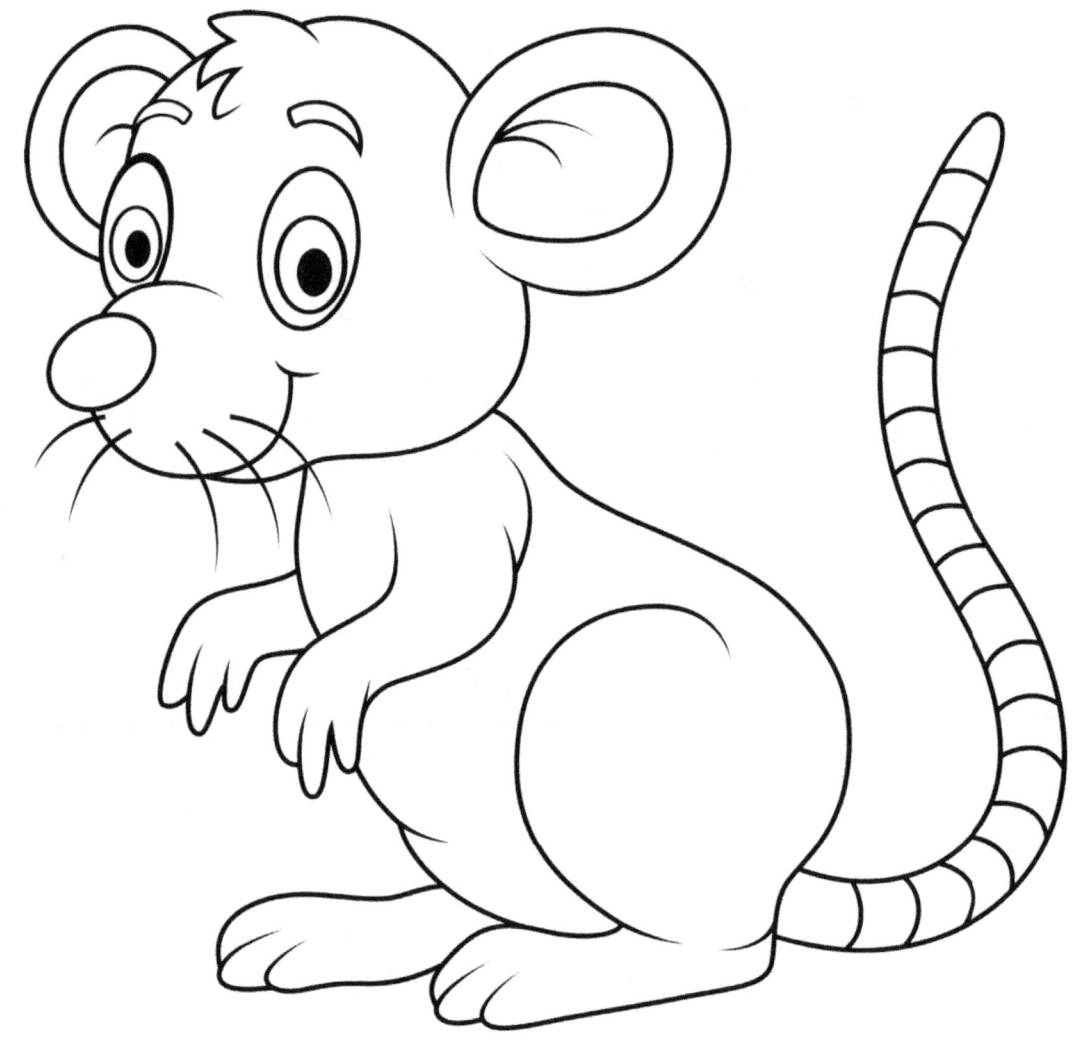

Muis

Muis
_____
_____
_____

Mata-moscas

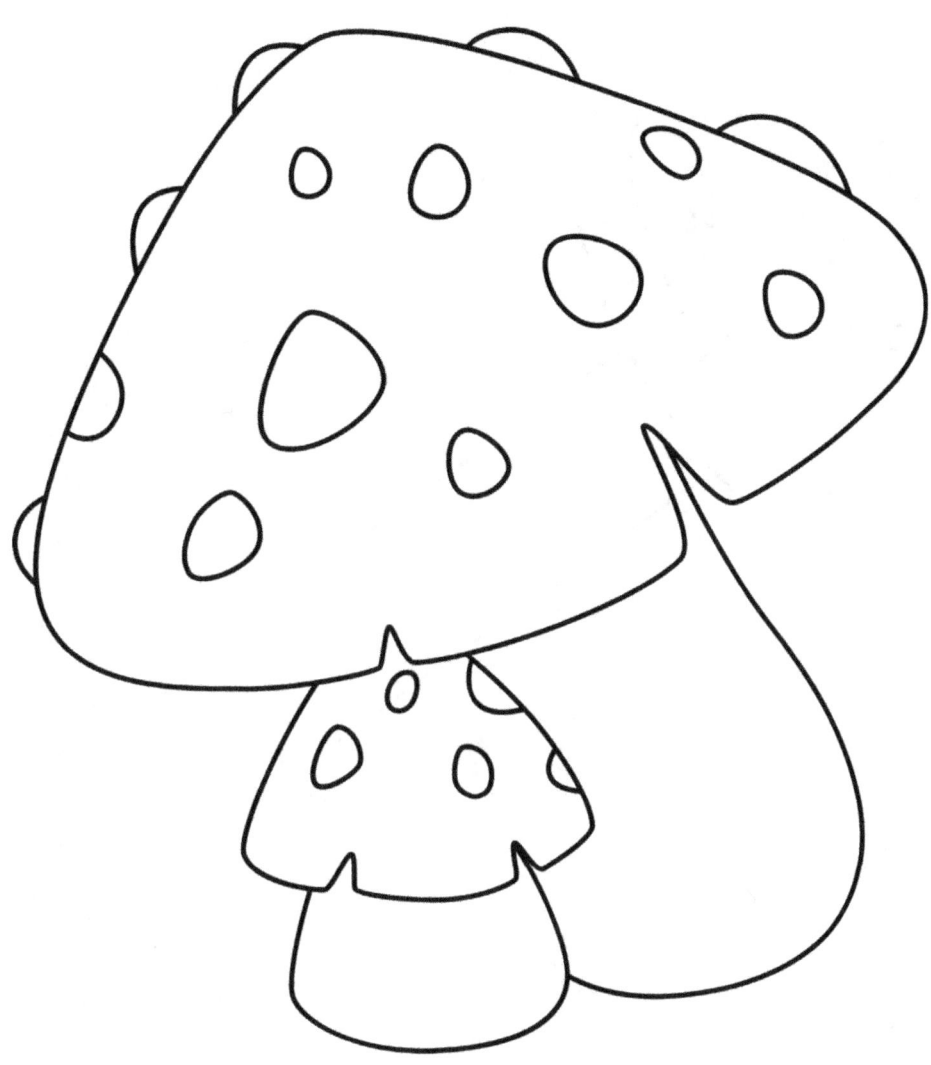

Vliegenzwam

Vliegenzwam

Prego

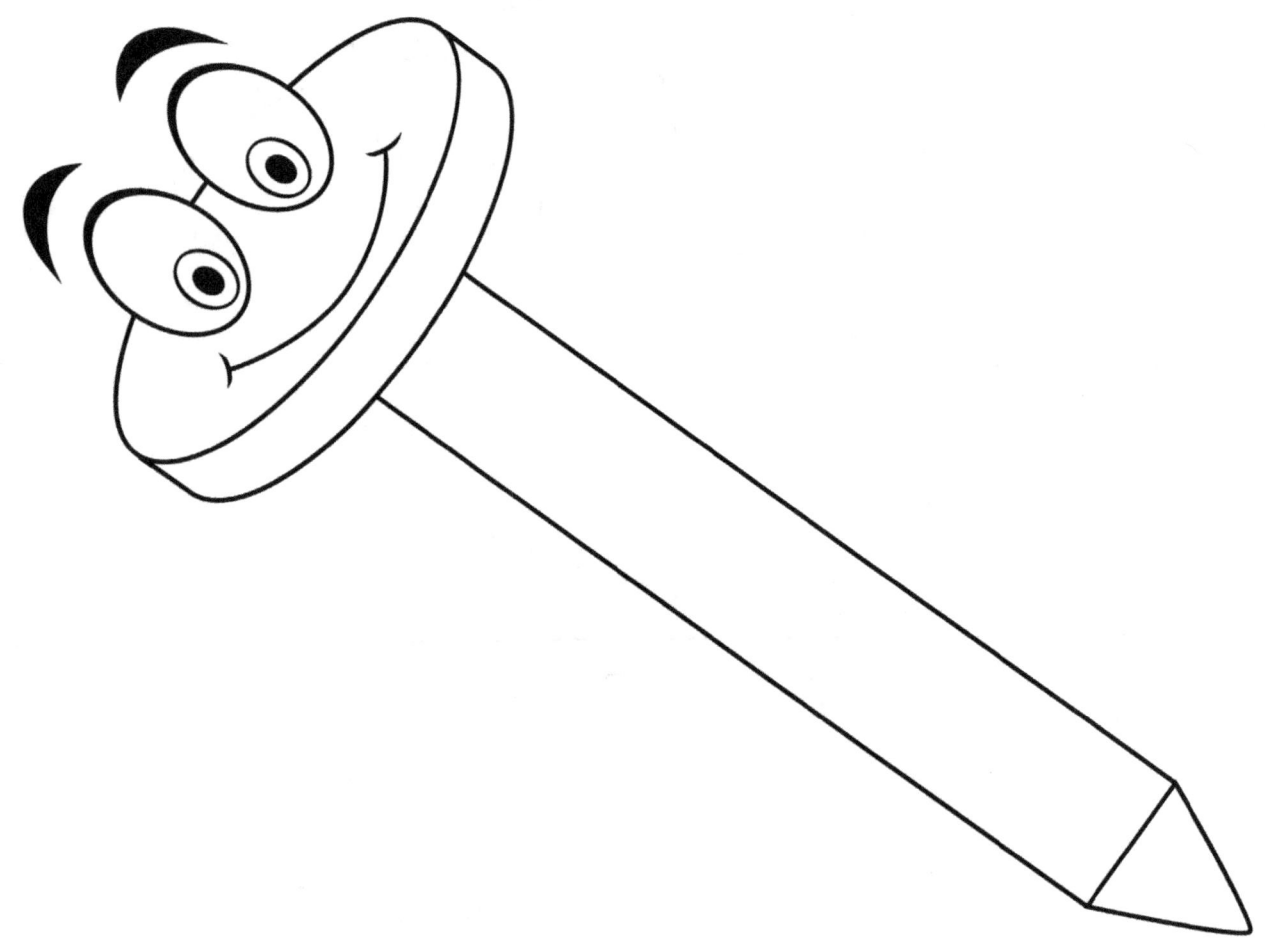

Spijker

Spijker

Macaco

__p

Rato

Mu__

Mata-moscas

Vlie__nzwam

Prego

__ijker

Cavalo

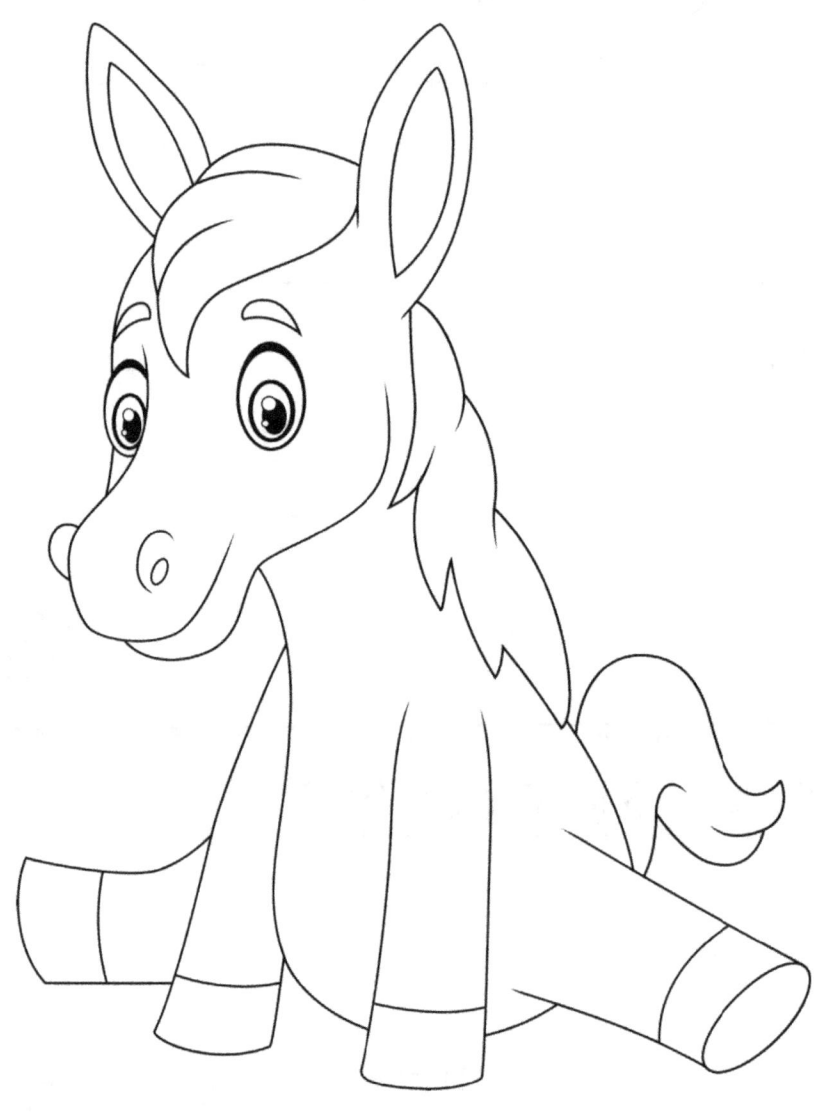

Paard

Paard
_____
_____
_____

Noz

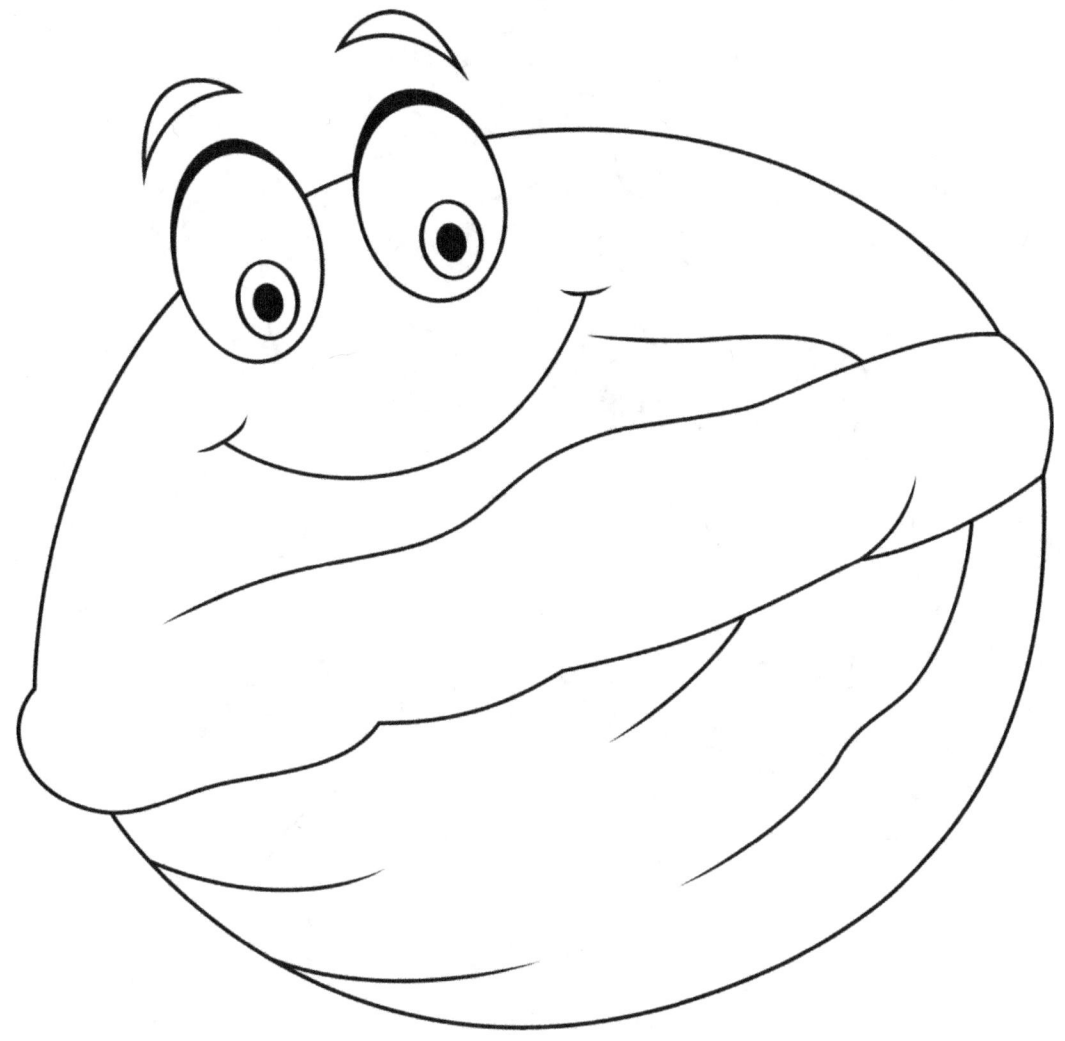

Noot

Noot

Polvo

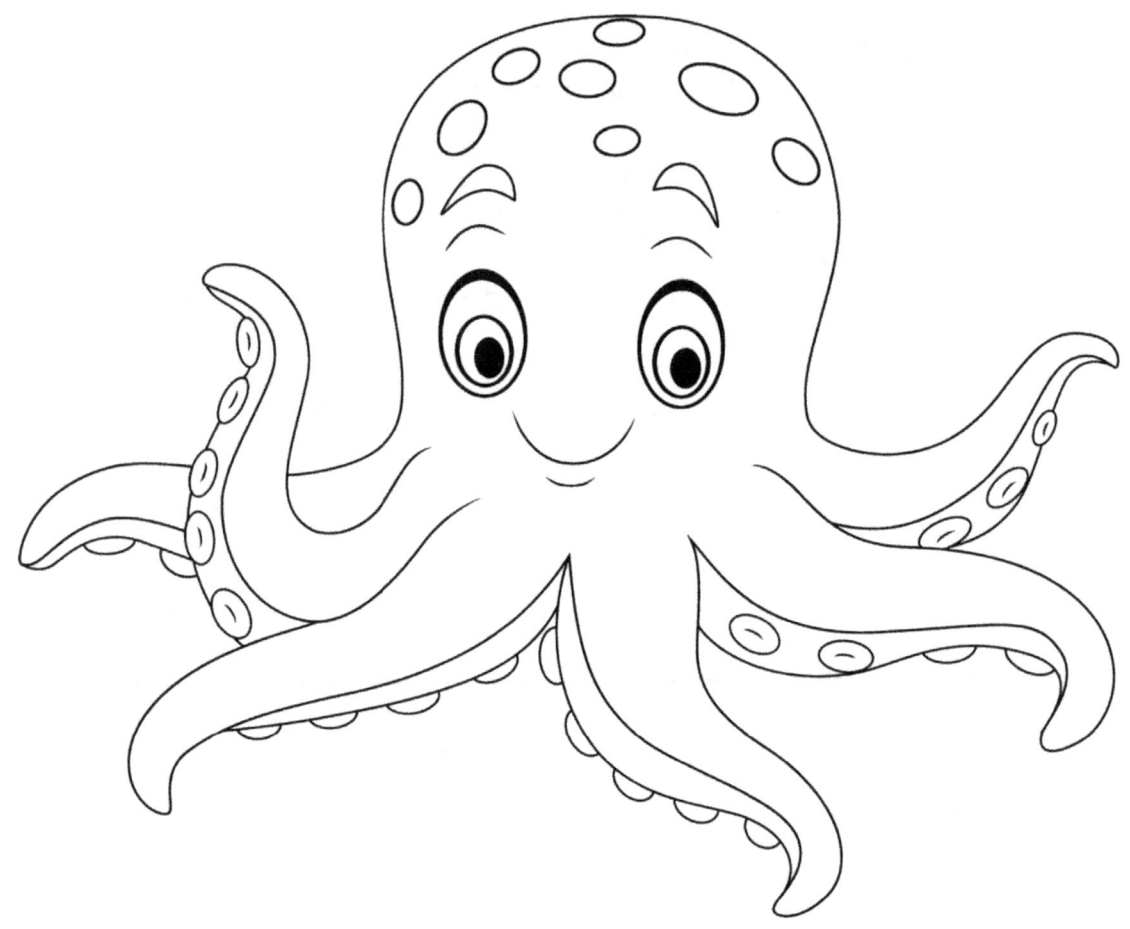

Octopus

Octopus

Laranja

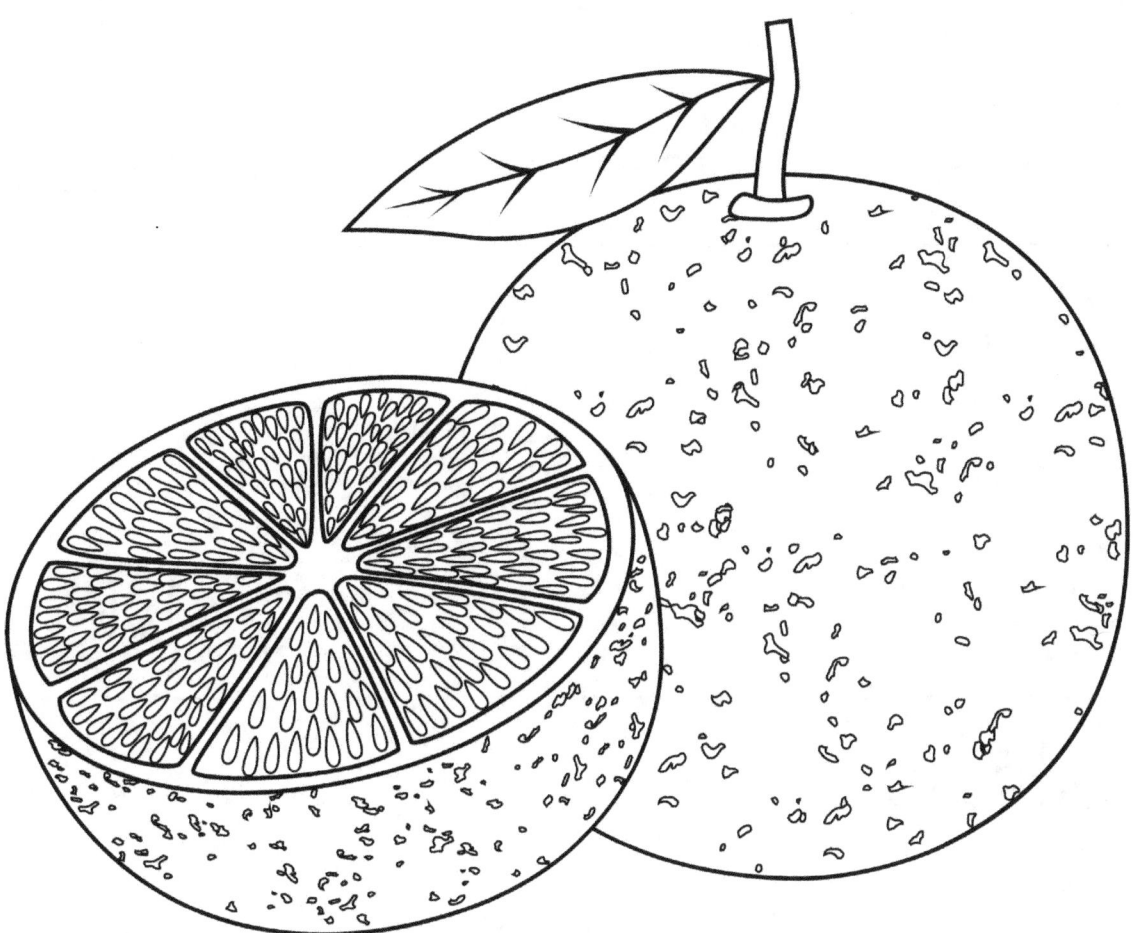

Oranje

Oranje
_____
_____

Cavalo

Paa_d

Noz

No__

Polvo

_ct_pus

Laranja

Ora__e

Coruja

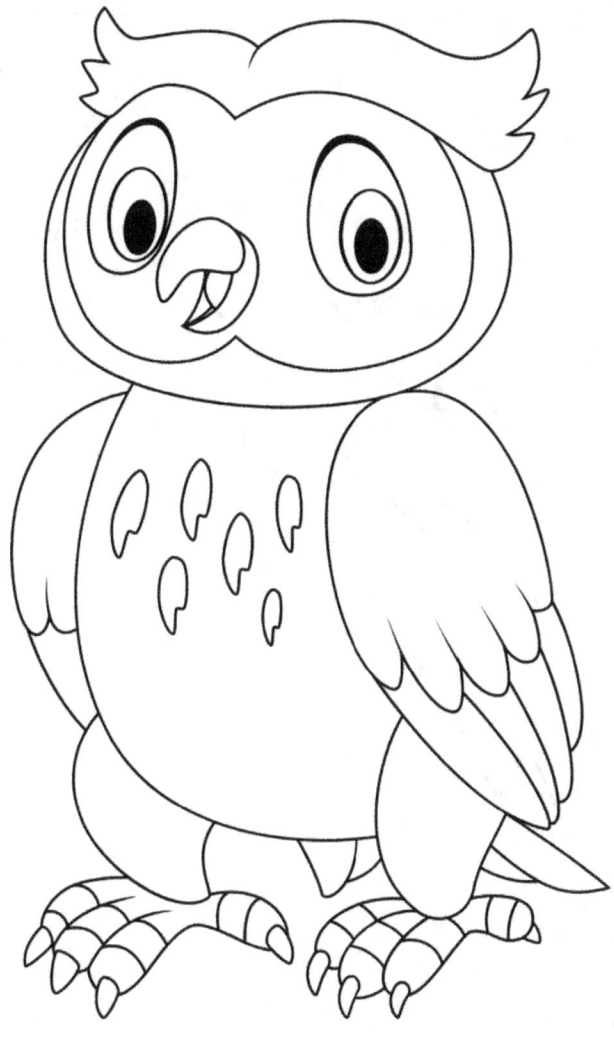

Uil

Uil

Caneta

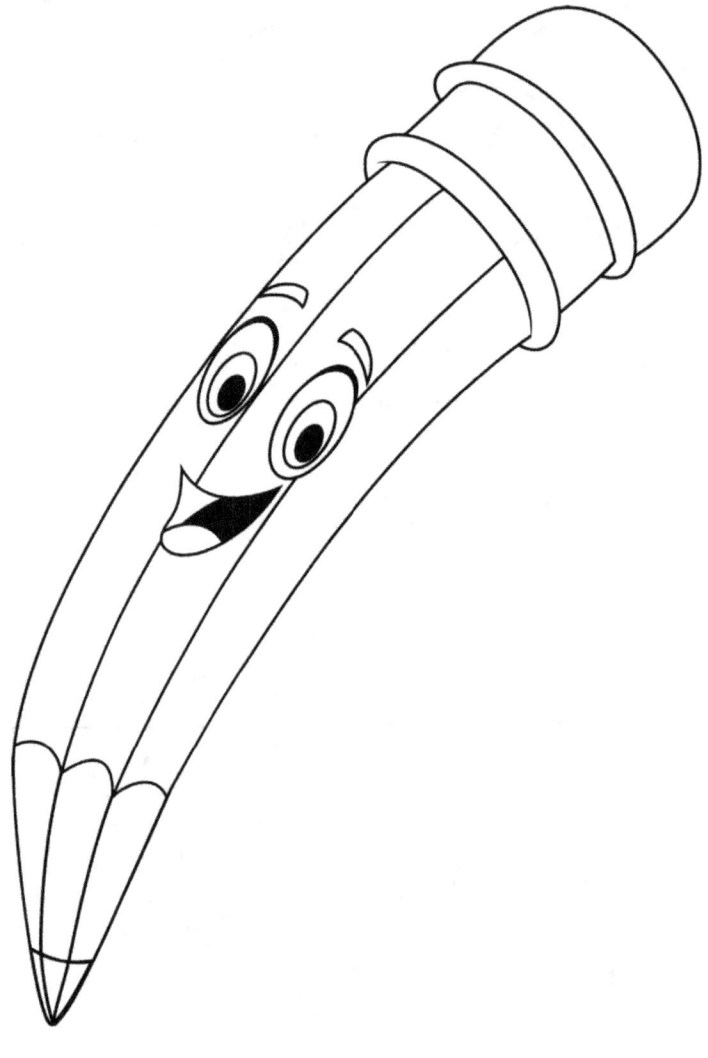

Pen

Pen
_____

_____

_____

Torta

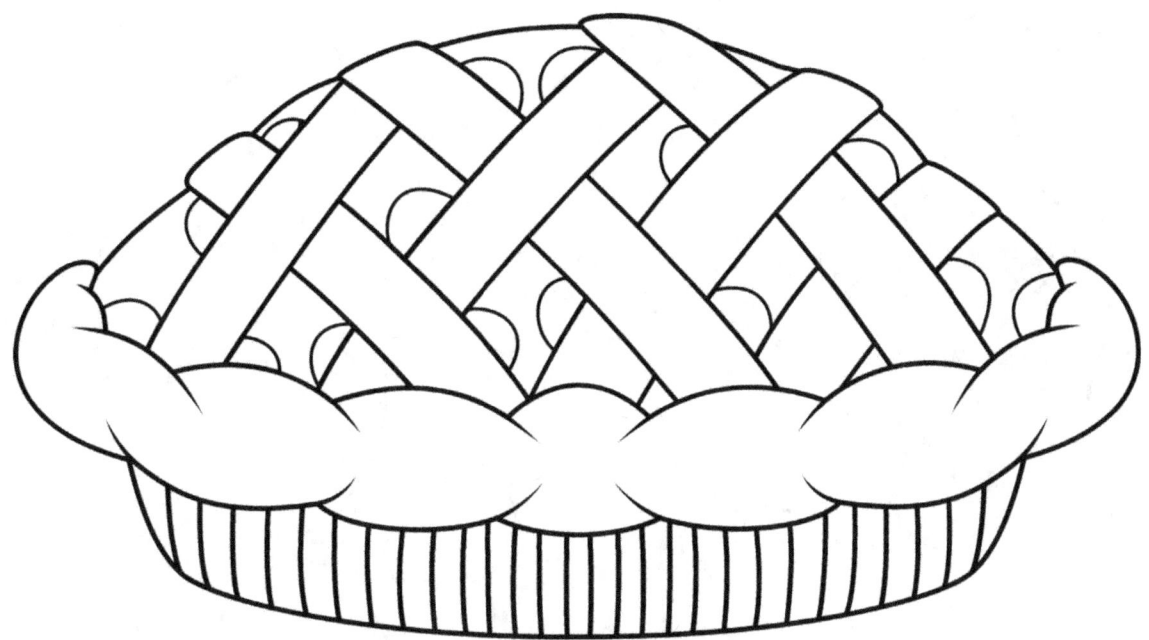

Taart

Taart

Porco

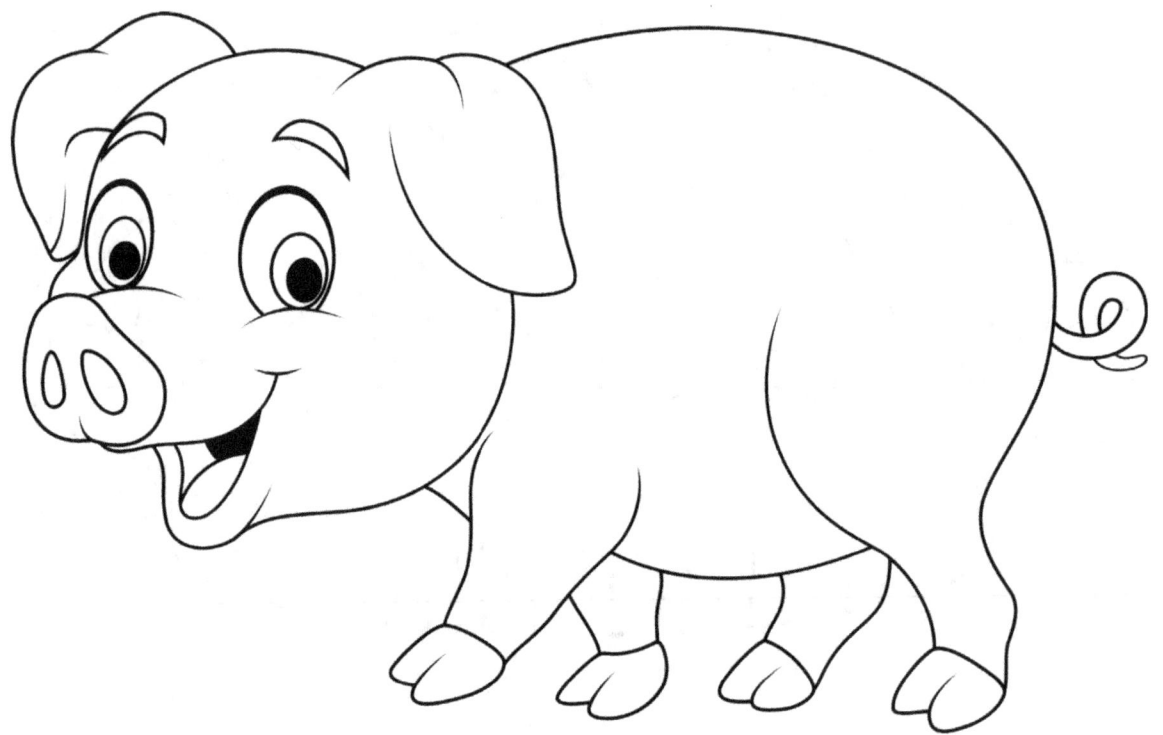

Varken

Varken

Coruja

U_l

Caneta

P_n

Torta

T_a_t

Porco

V_r_en

Pássaro

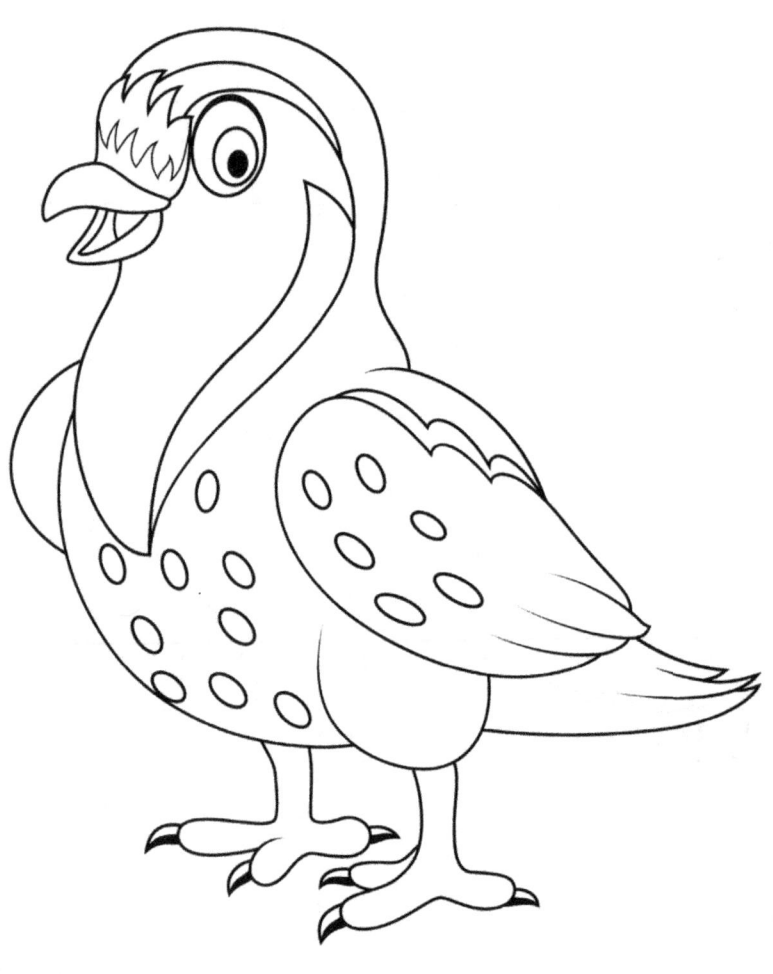

Vogel

Vogel

Rainha

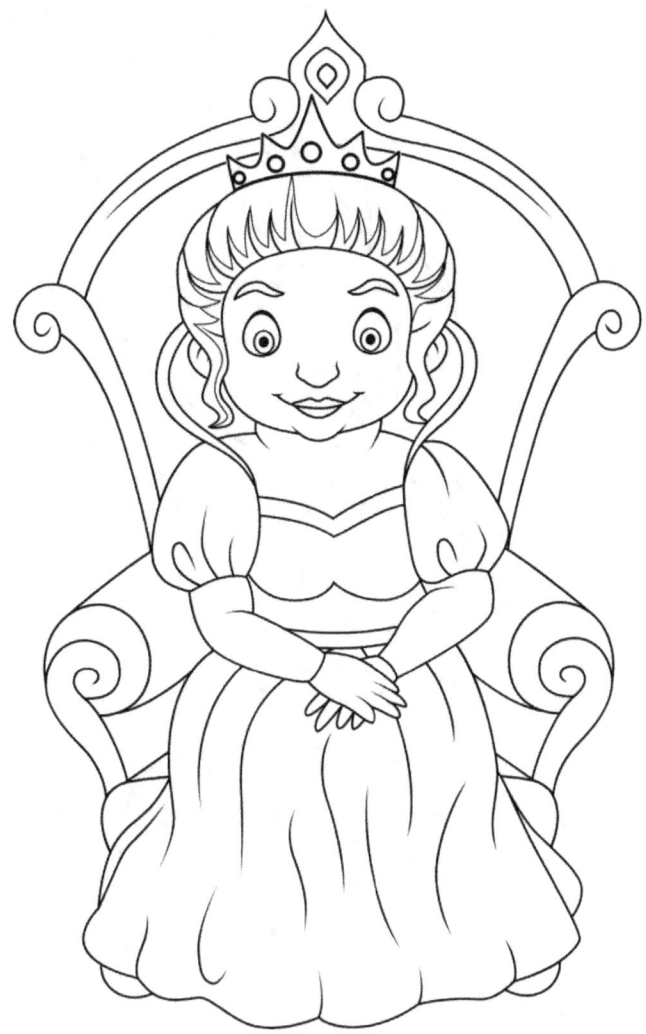

Koningin

Koningin
_____
_____
_____

Pena

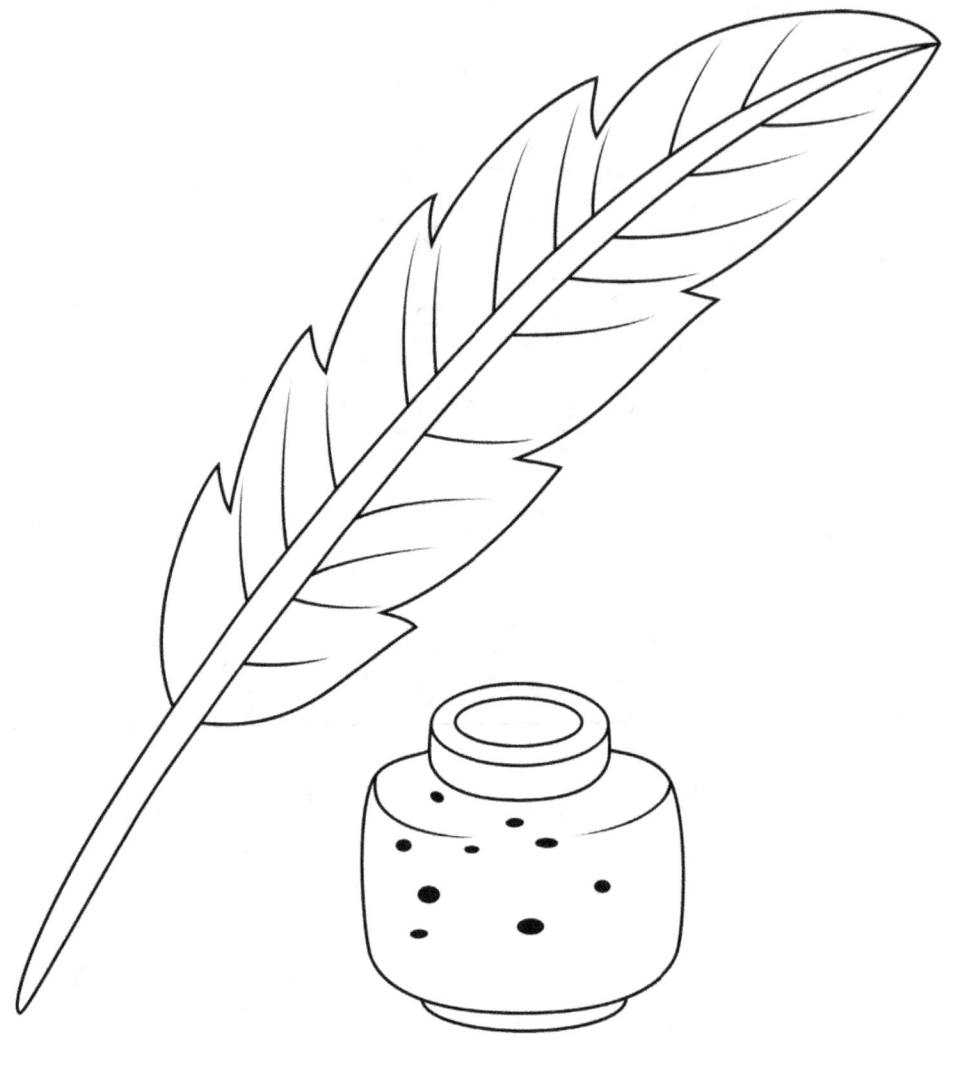

Pluim

Pluim
_____

_____

_____

Coelho

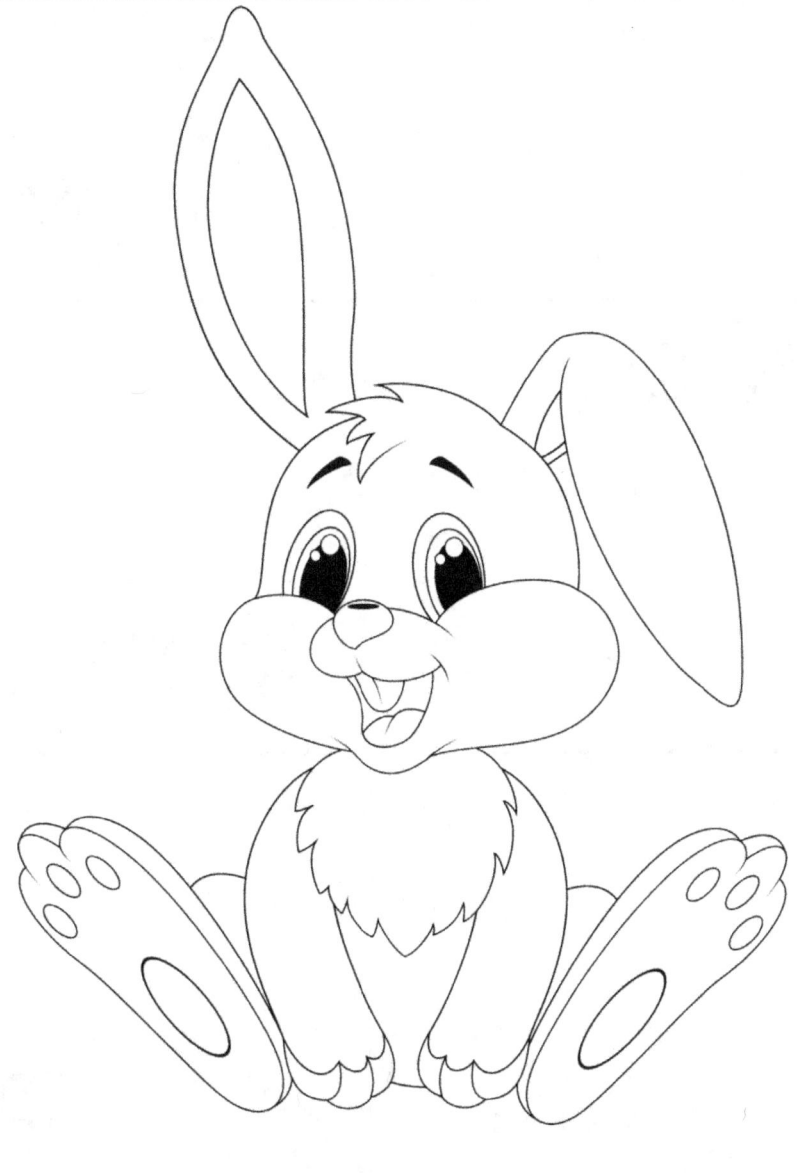

Haas

Haas
_____

_____

_____

Pássaro	
	V_g_l
Rainha	
	Kon_n_in
Pena	
	Pl_i_
Coelho	
	H___s

Rinoceronte

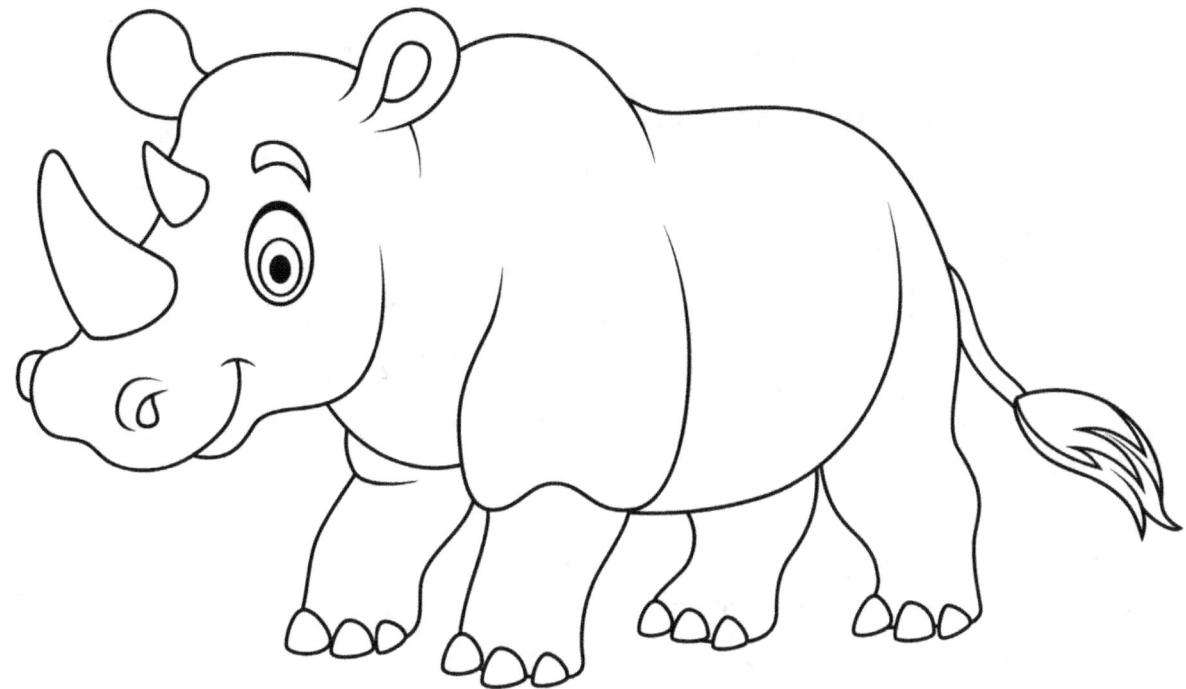

Neushoorn

Neushoorn

Robô

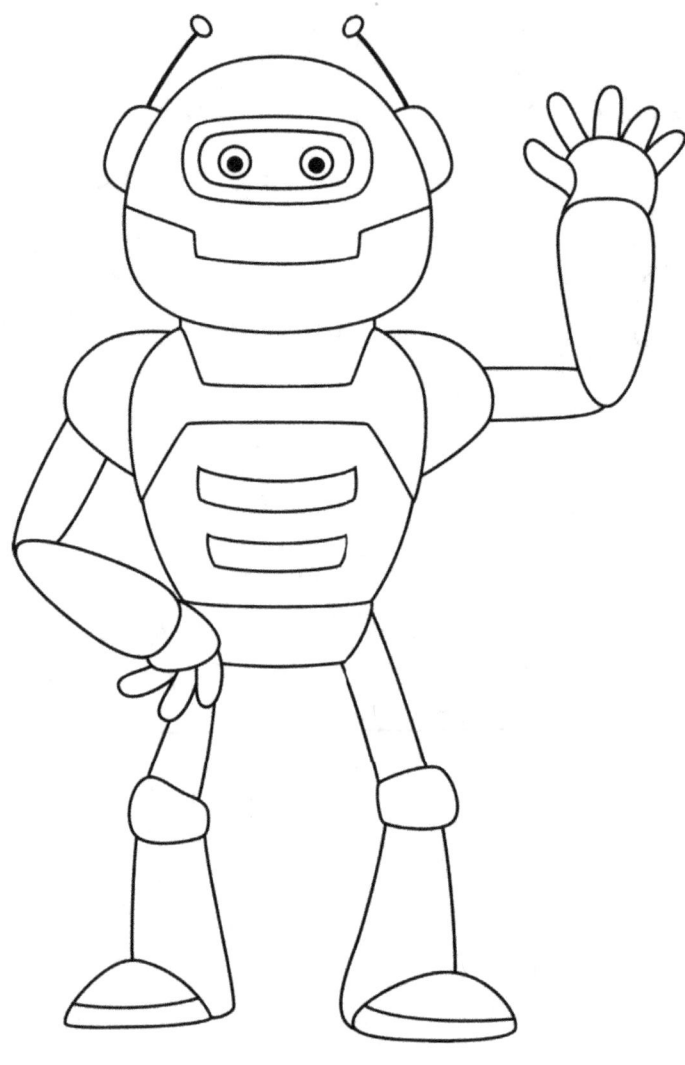

Robot

Robot
_____

_____

_____

Tigre

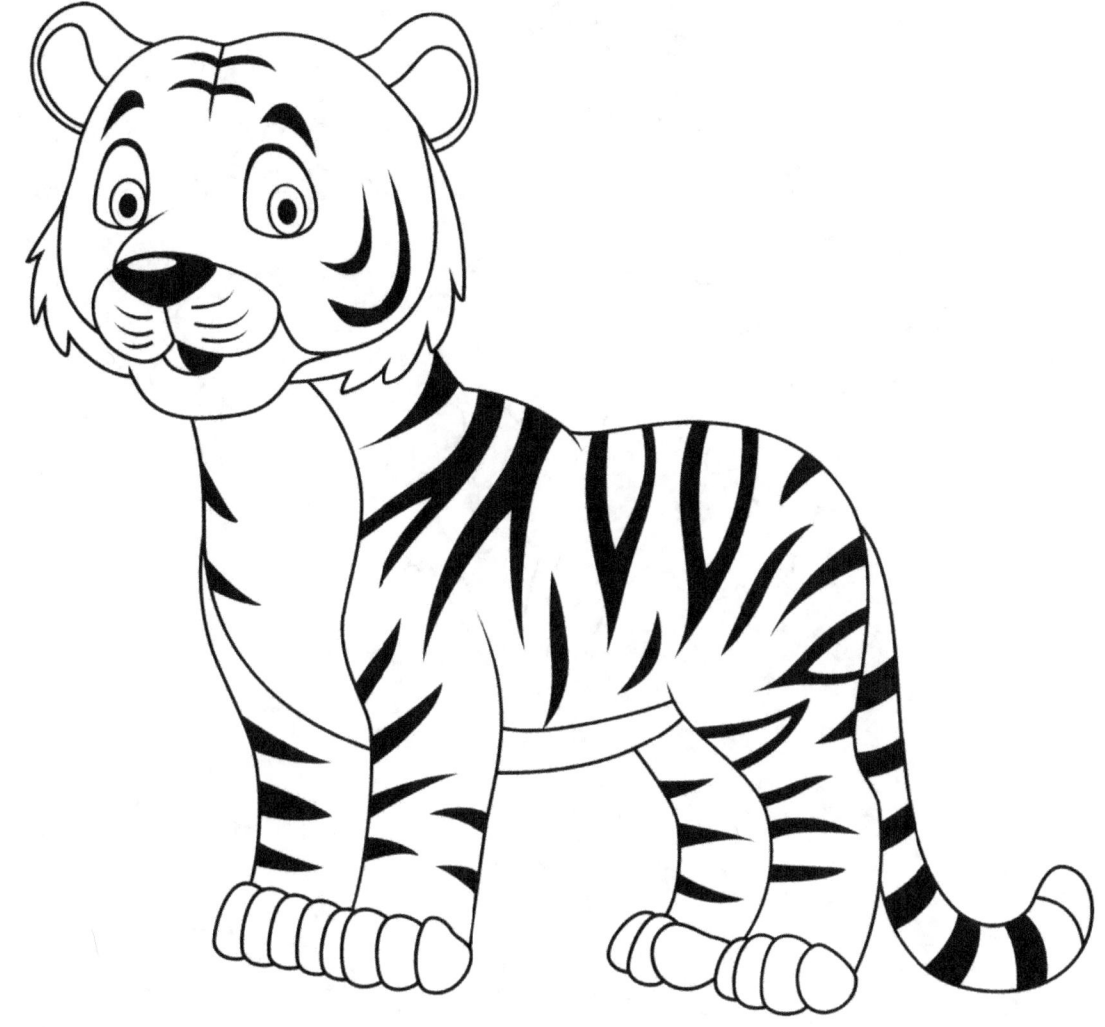

Tijger

Tijger

Árvore

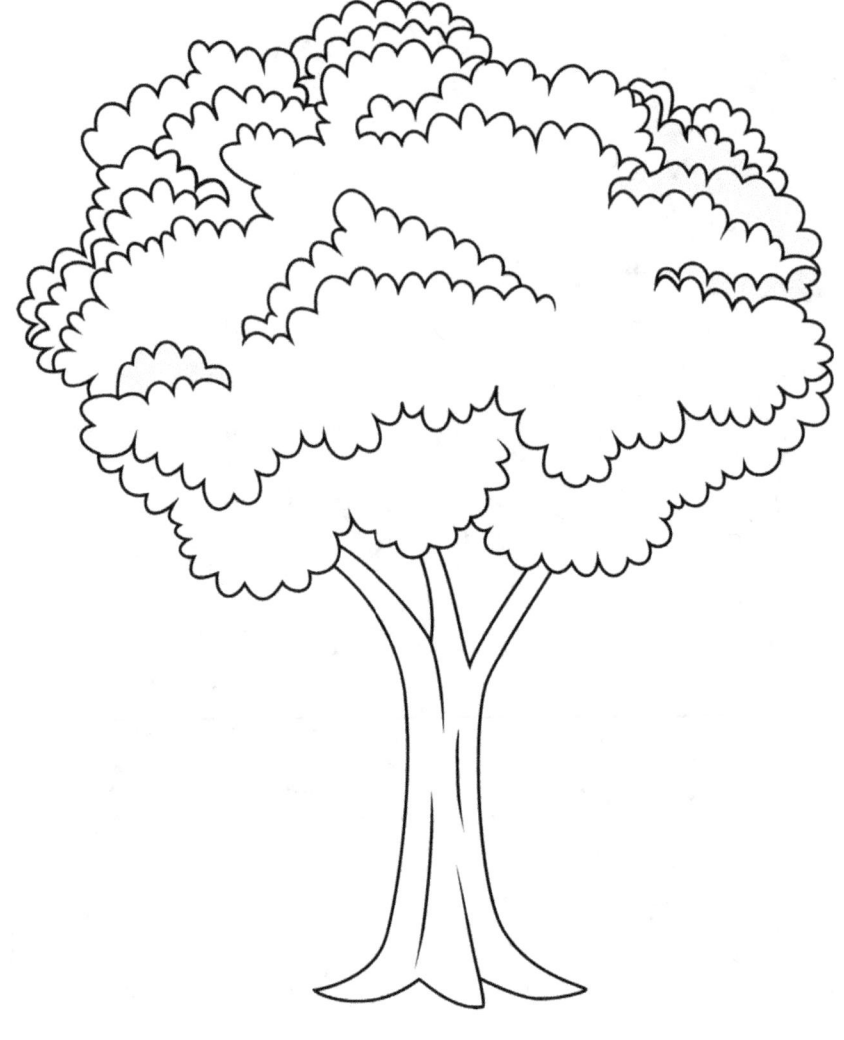

Boom

Boom
_____

_____

_____

Rinoceronte

Neushoor_

Robô

_ob_t

Tigre

Tijg_r

Árvore

Bo_m

Guarda-chuva

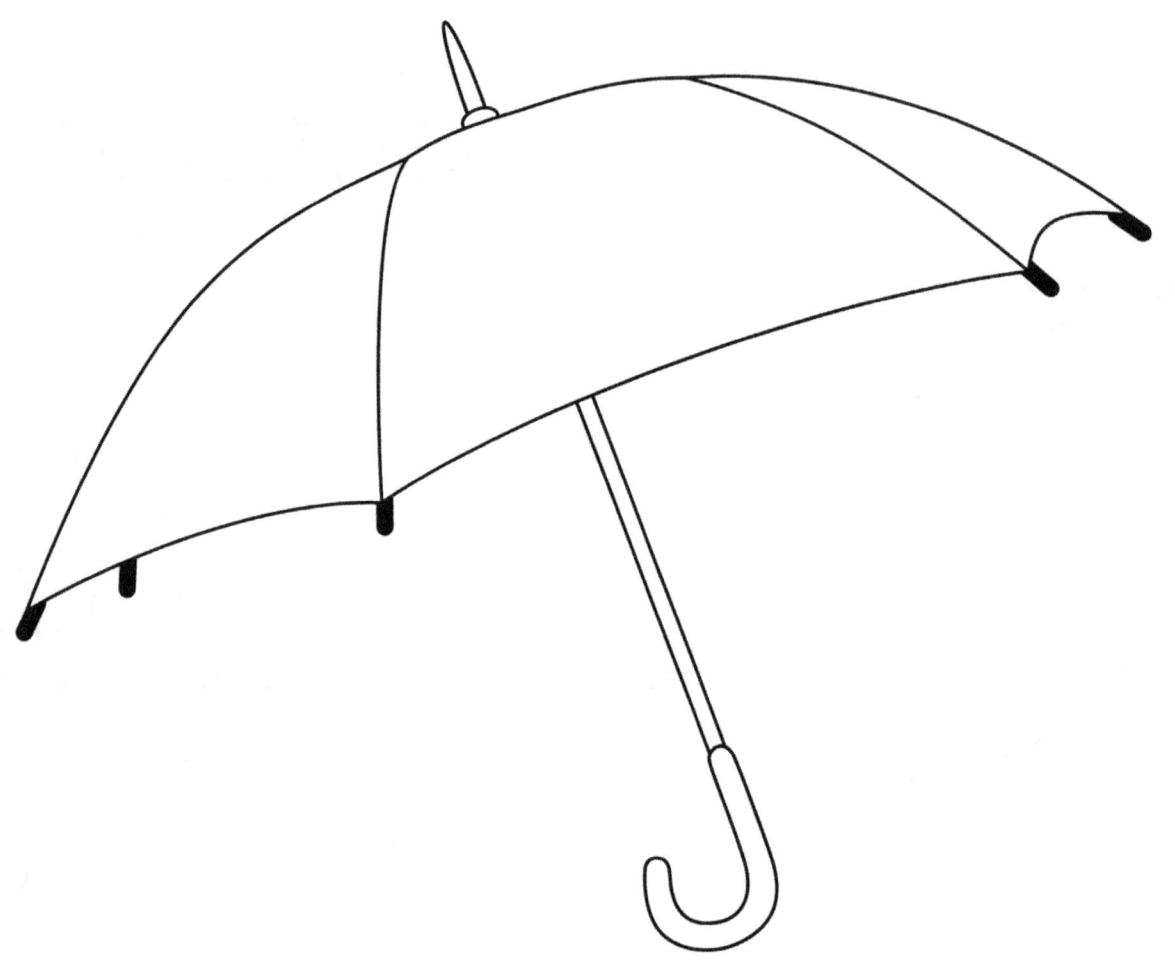

Paraplu

Paraplu

Ouriço-do-mar

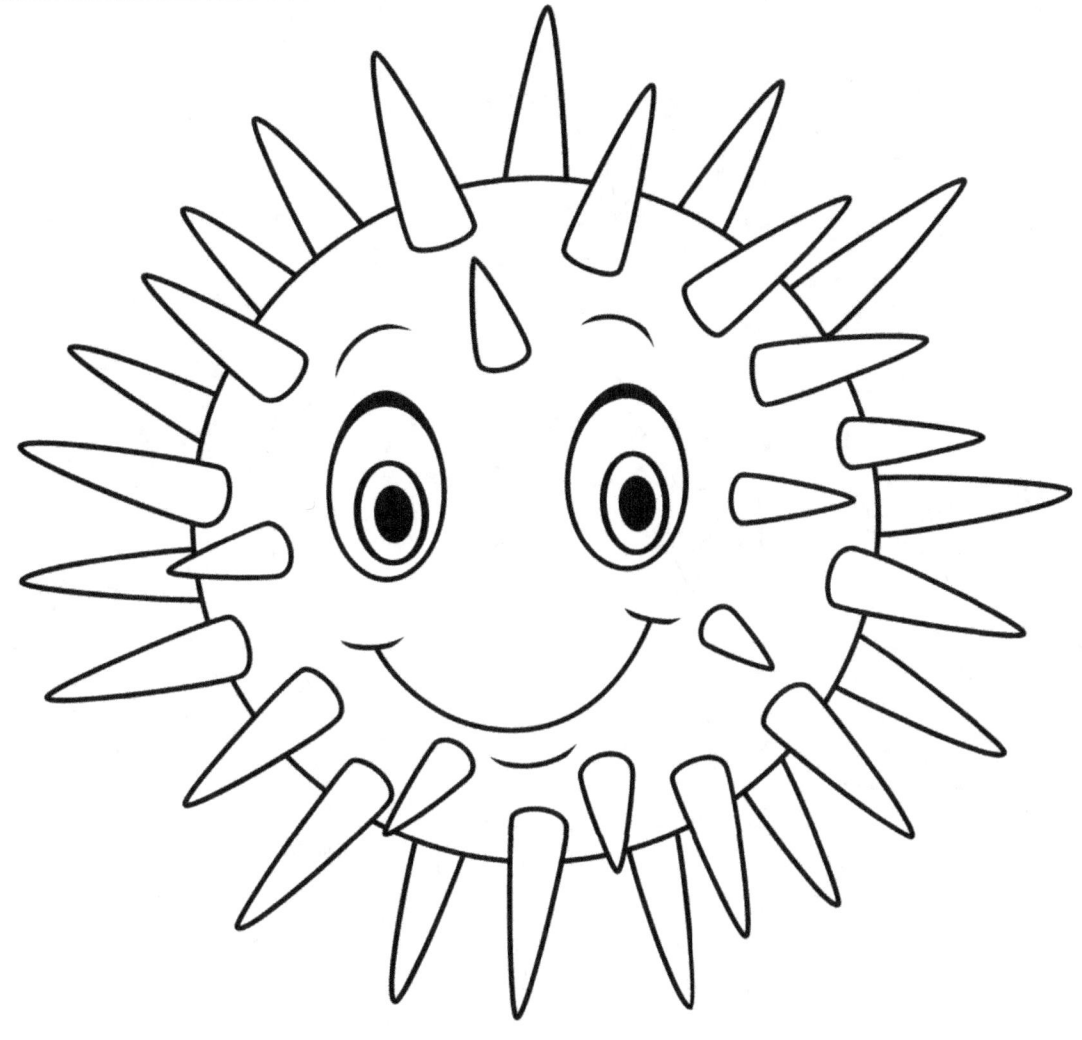

Zee-egel

Zee-egel

Sol

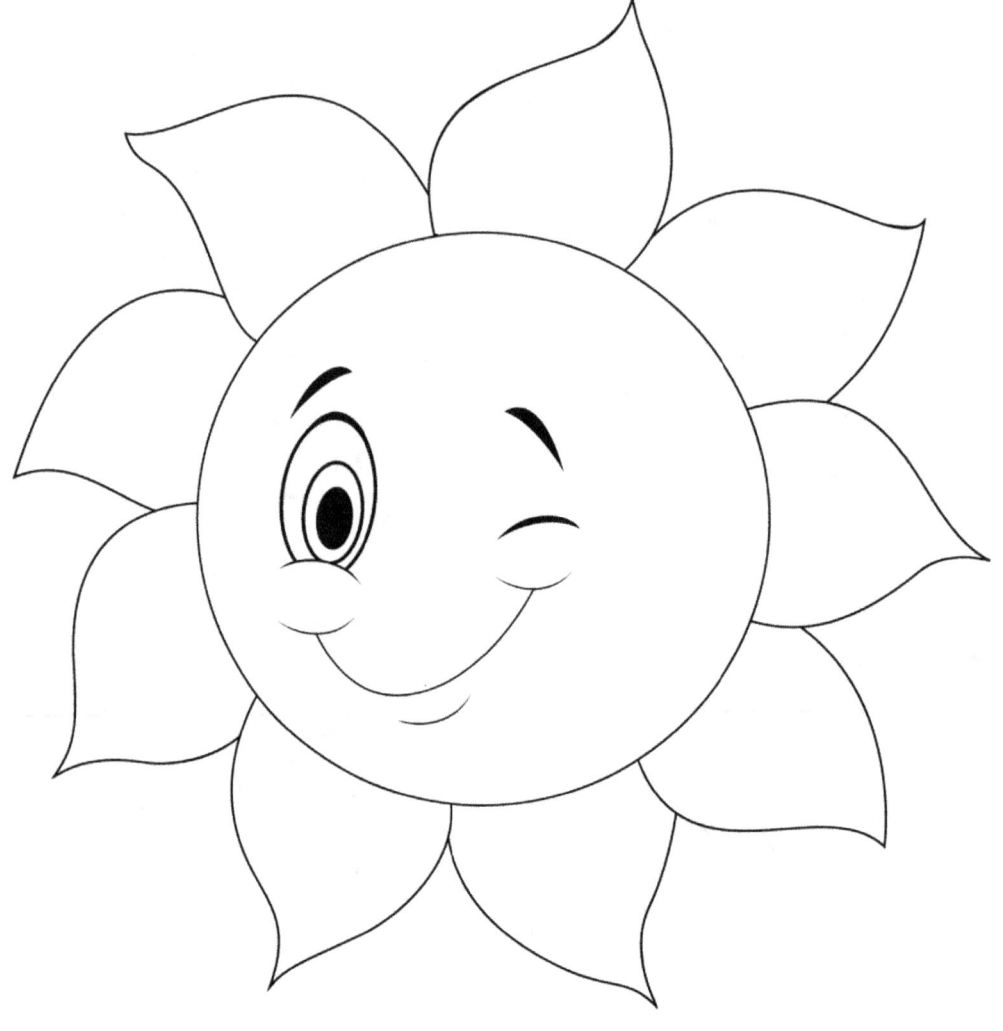

Zon

Zon
_____

_____

_____

Vegetal

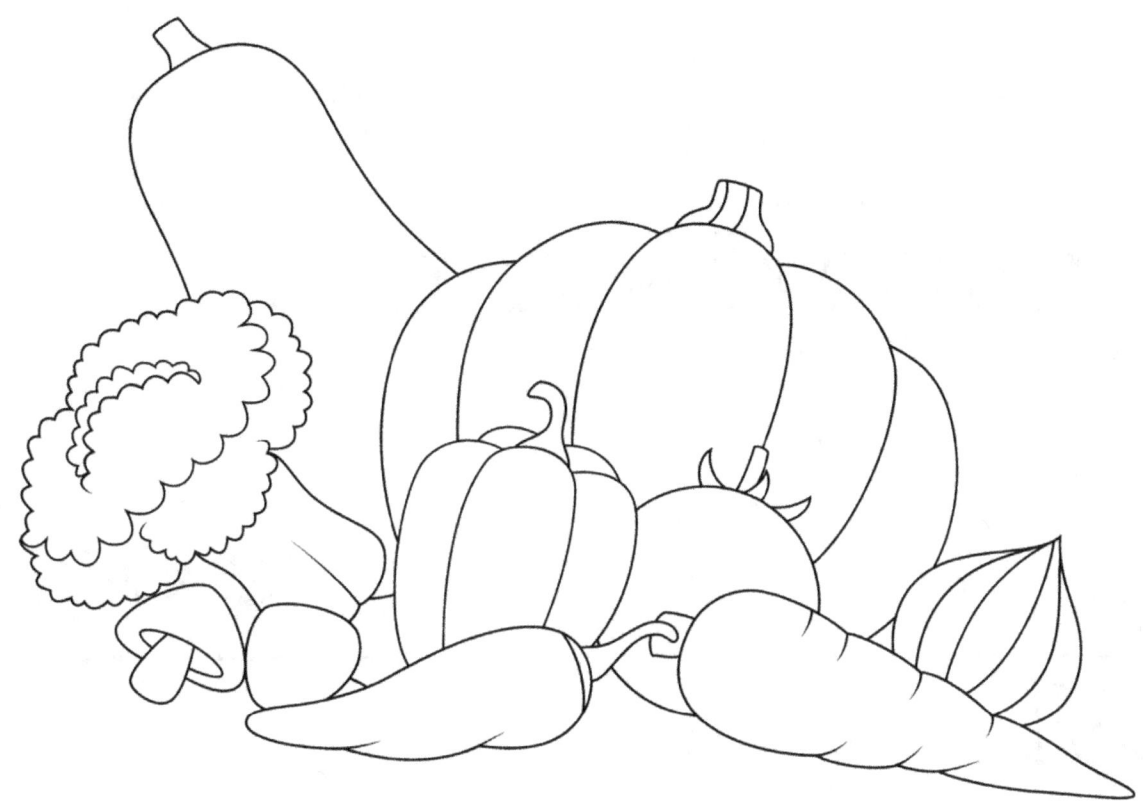

Groente

Groente

Guarda-chuva

Parap__

Ouriço-do-mar

_ee-eg_l

Sol

Zo_

Vegetal

Gr_e_te

Vulcão

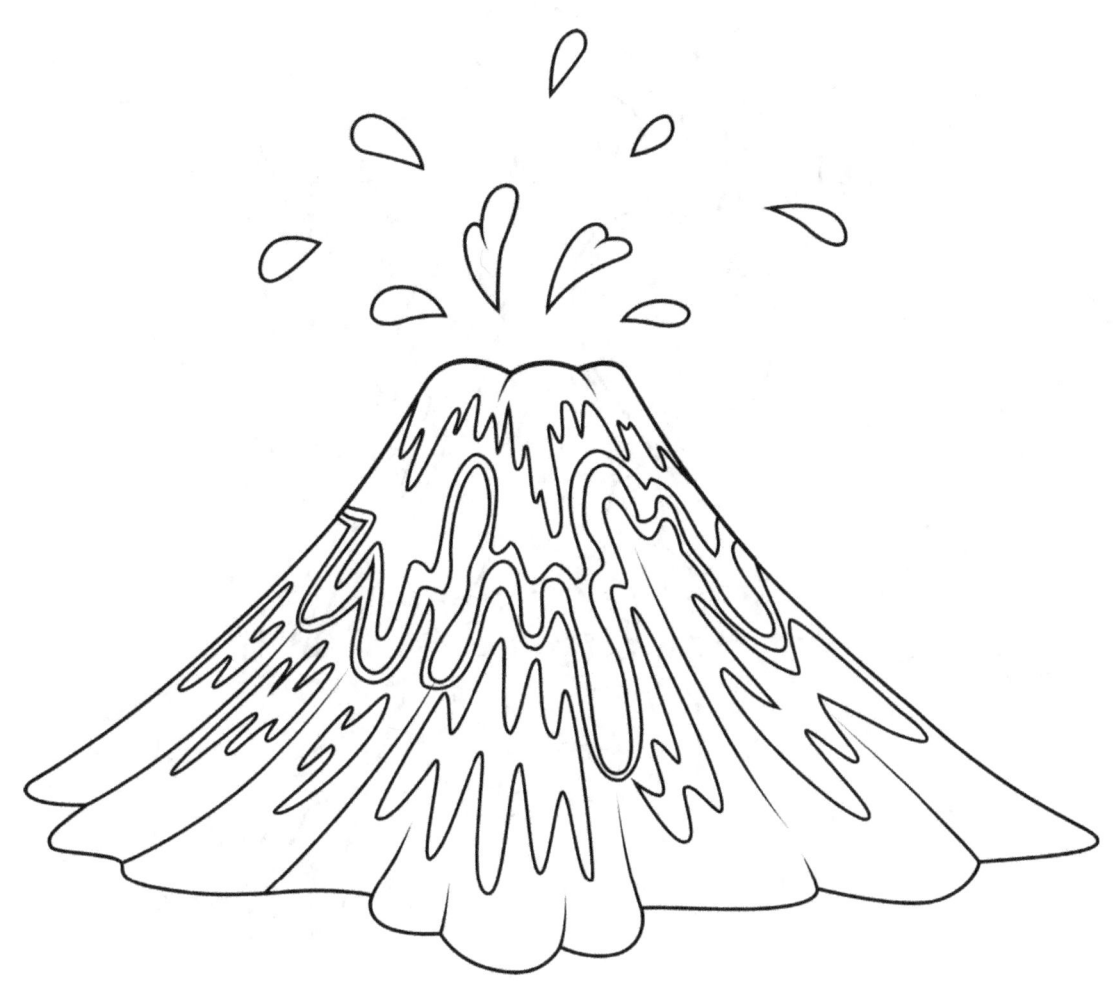

Vulkaan

Vulkaan

Abutre

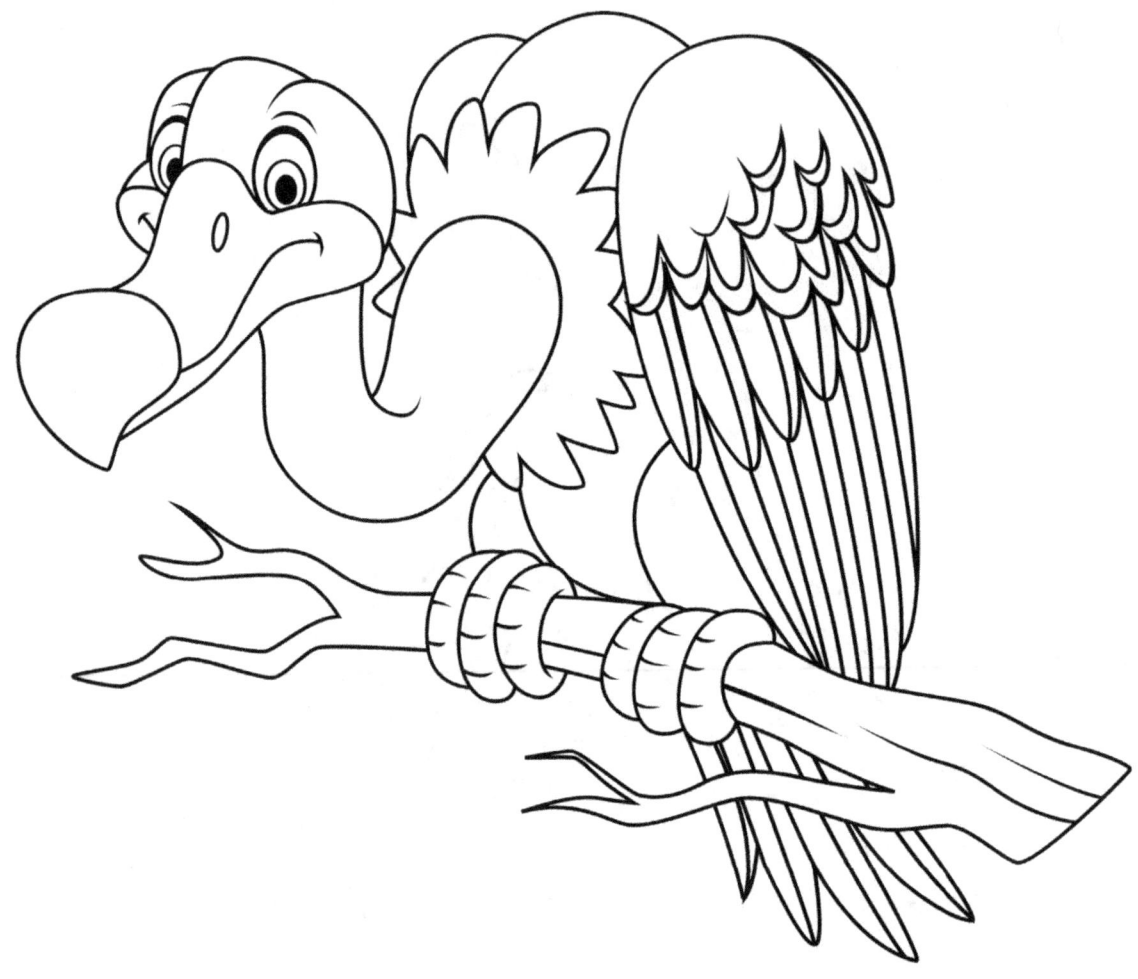

Gier

Gier

Melancia

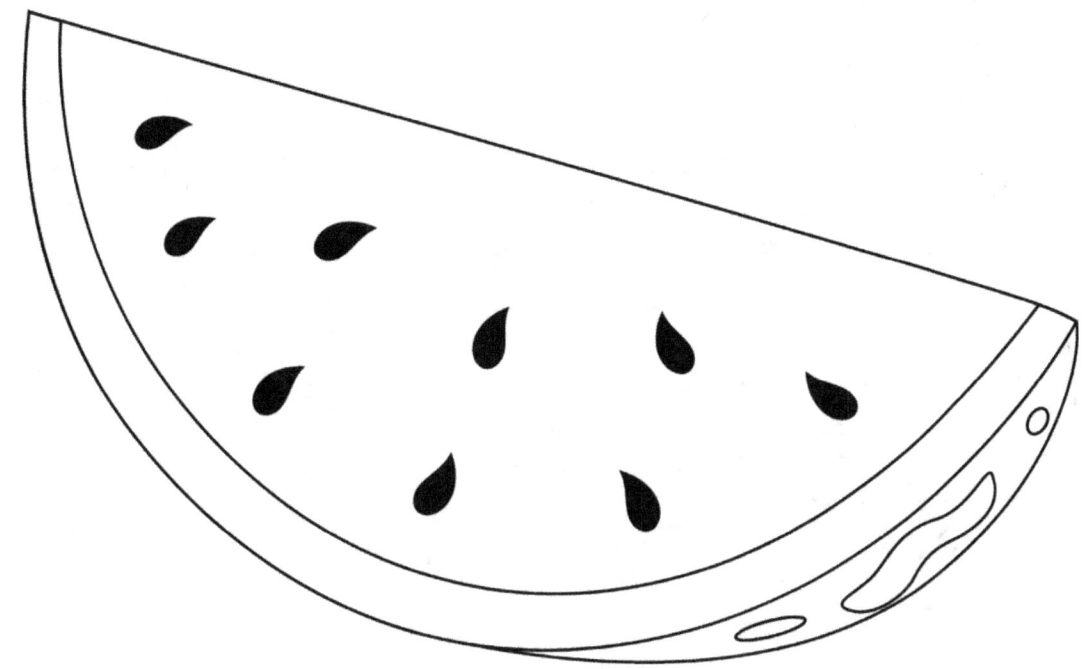

Watermeloen

Watermeloen

Baleia

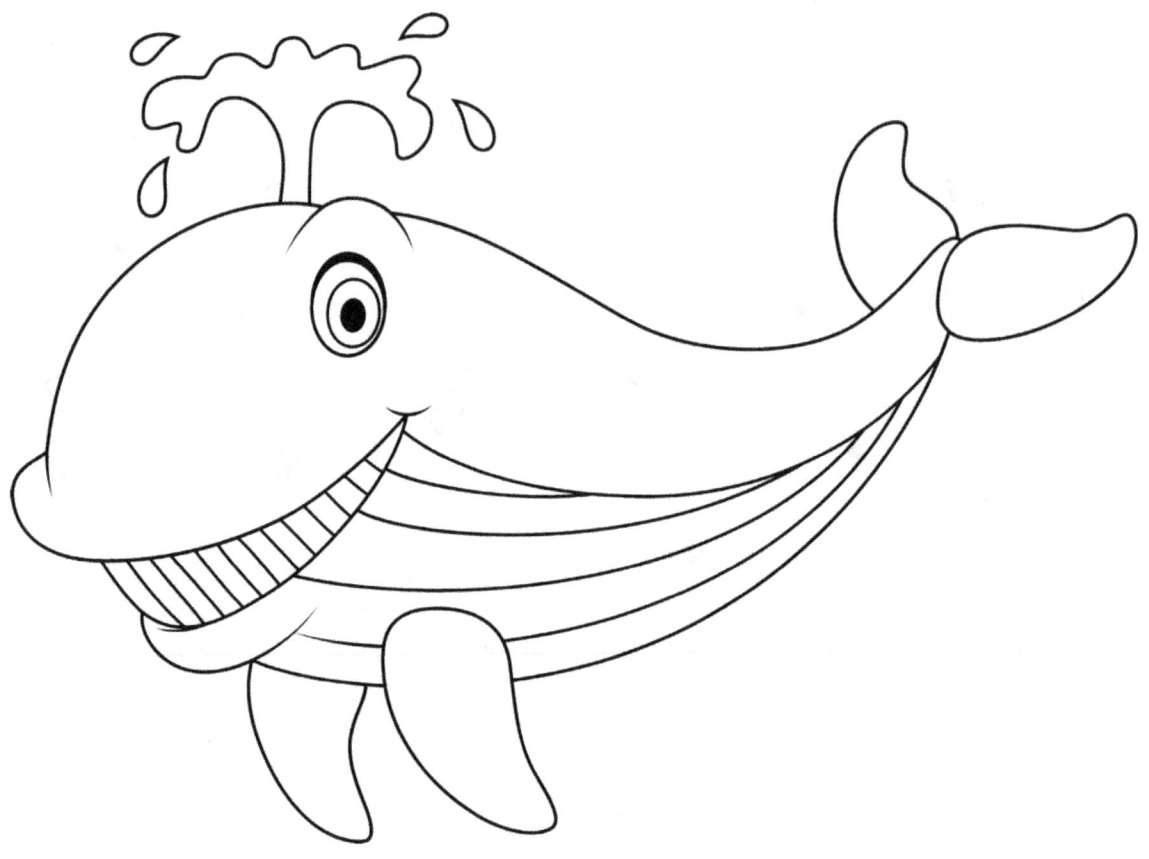

Walvis

Walvis

Vulcão

Vu_kaa_

Abutre

_ie_

Melancia

_a_ermeloen

Baleia

_alv_s

Janela

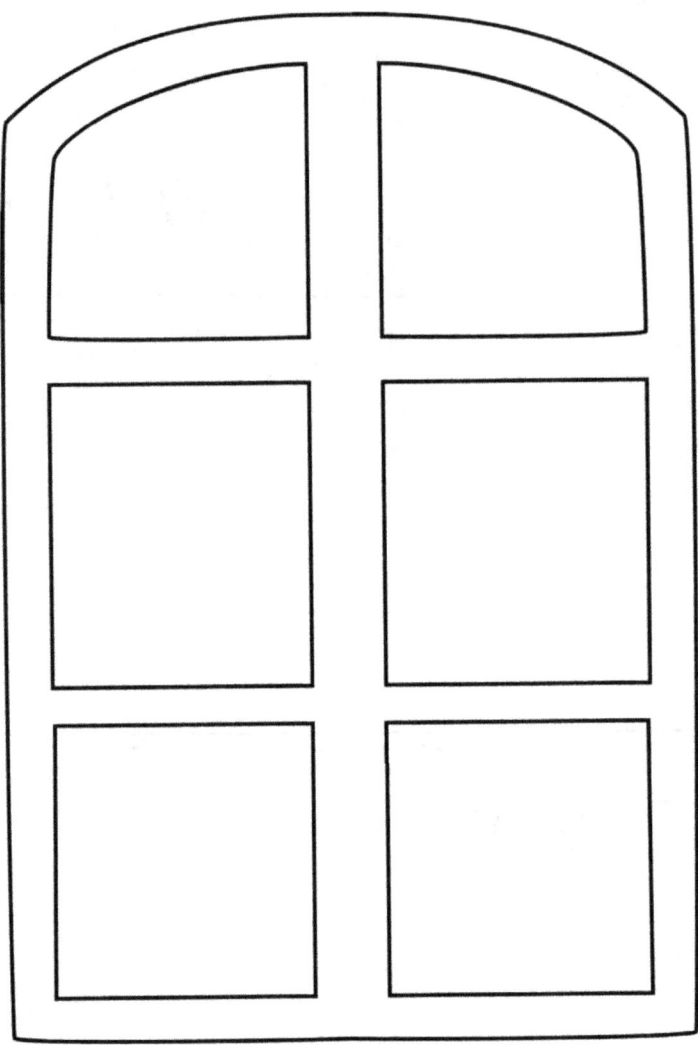

Raam

Raam
_____

_____

_____

Xilofone

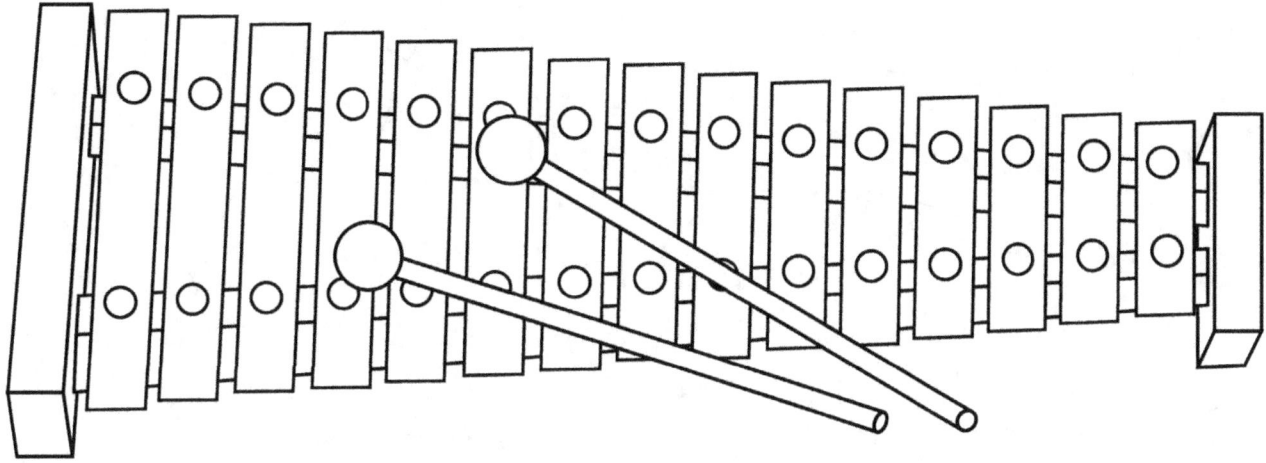

Xylofoon

Xylofoon

Veleiro

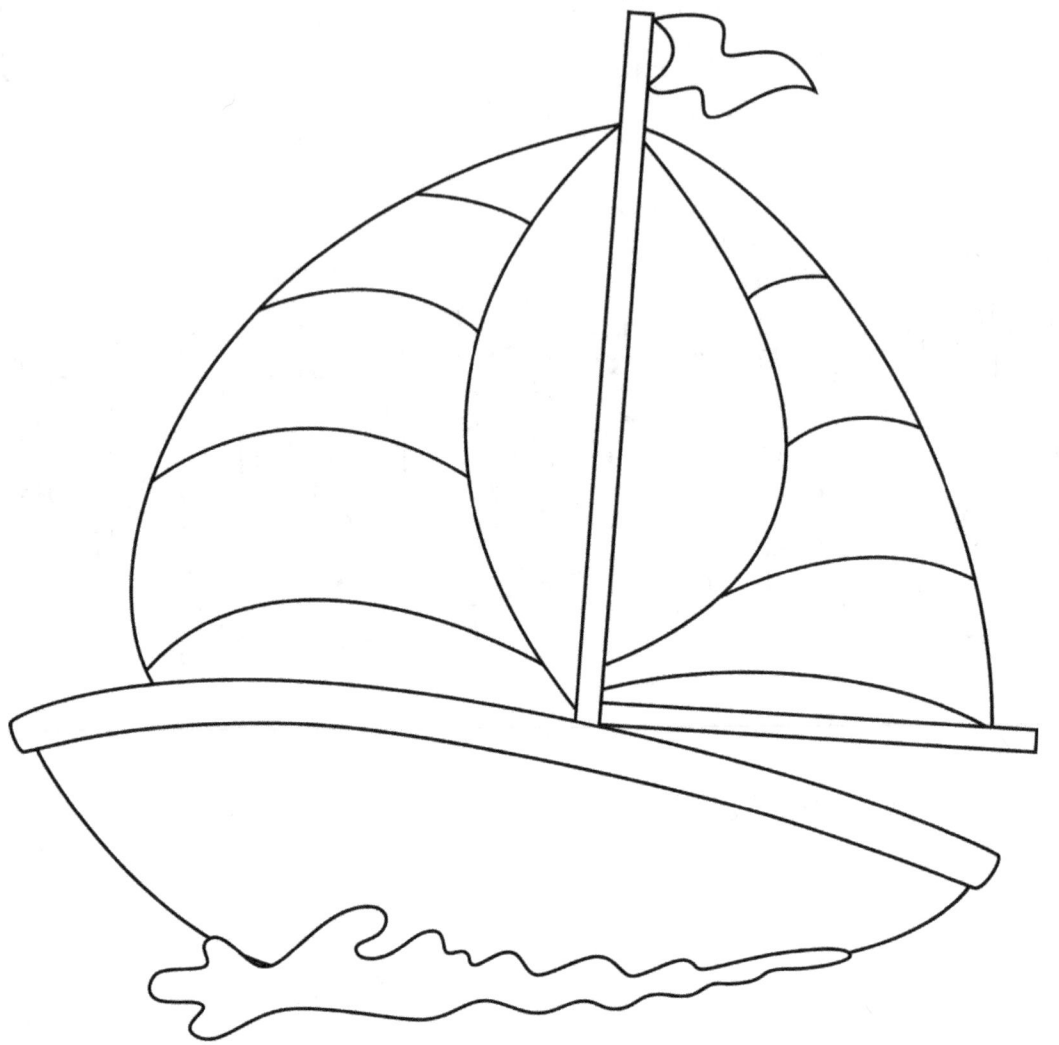

Zeilschip

Zeilschip
_____
_____
_____

Boneco

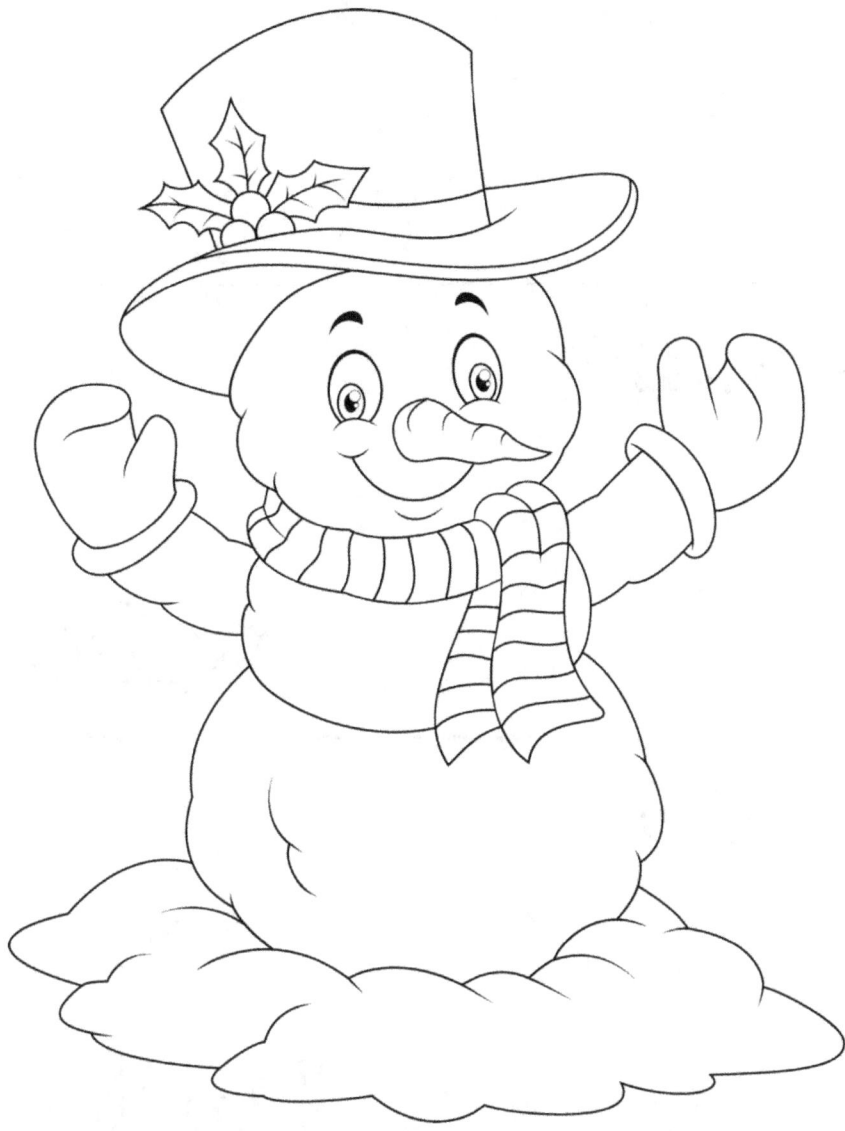

Sneeuwman

Sneeuwman

Janela

_aam

Xilofone

X_lof_on

Veleiro

Zeil__hip

Boneco

_neeuwm_n

Iogurte

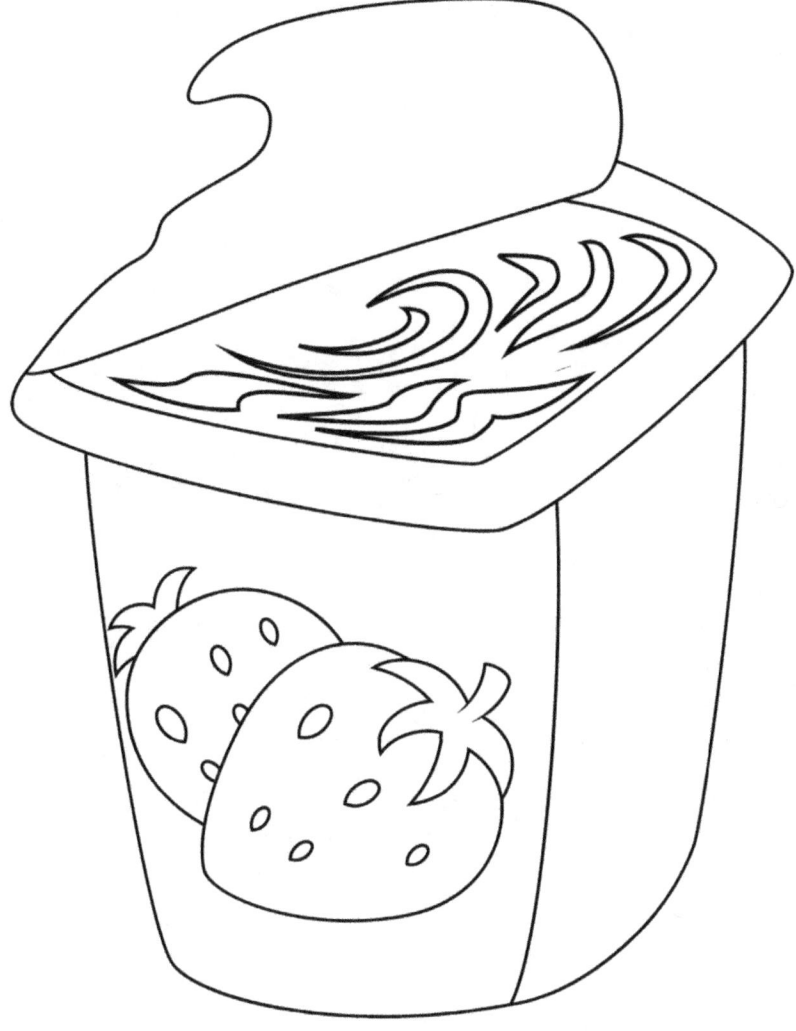

Yoghurt

Yoghurt

Galinha

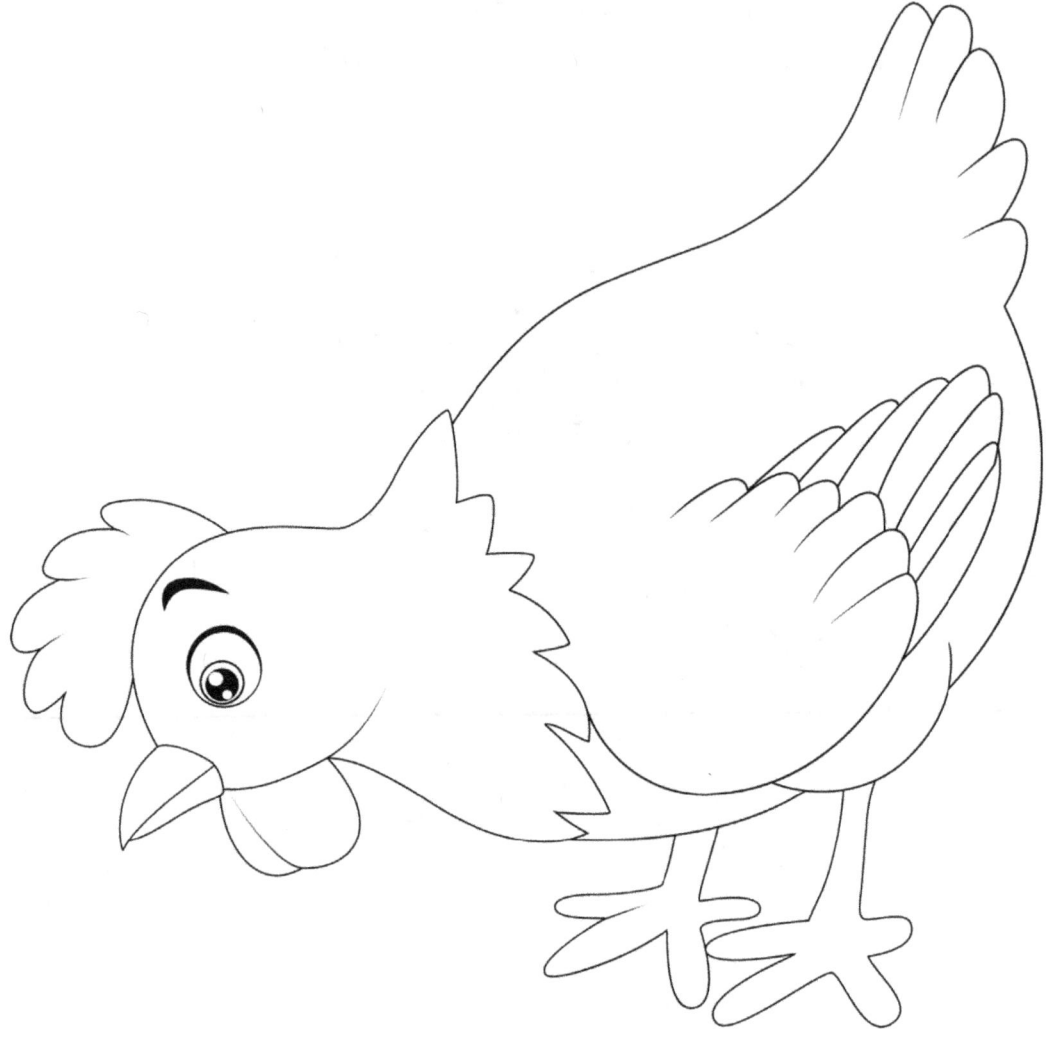

Kip

Kip
_____

_____

_____

Chave

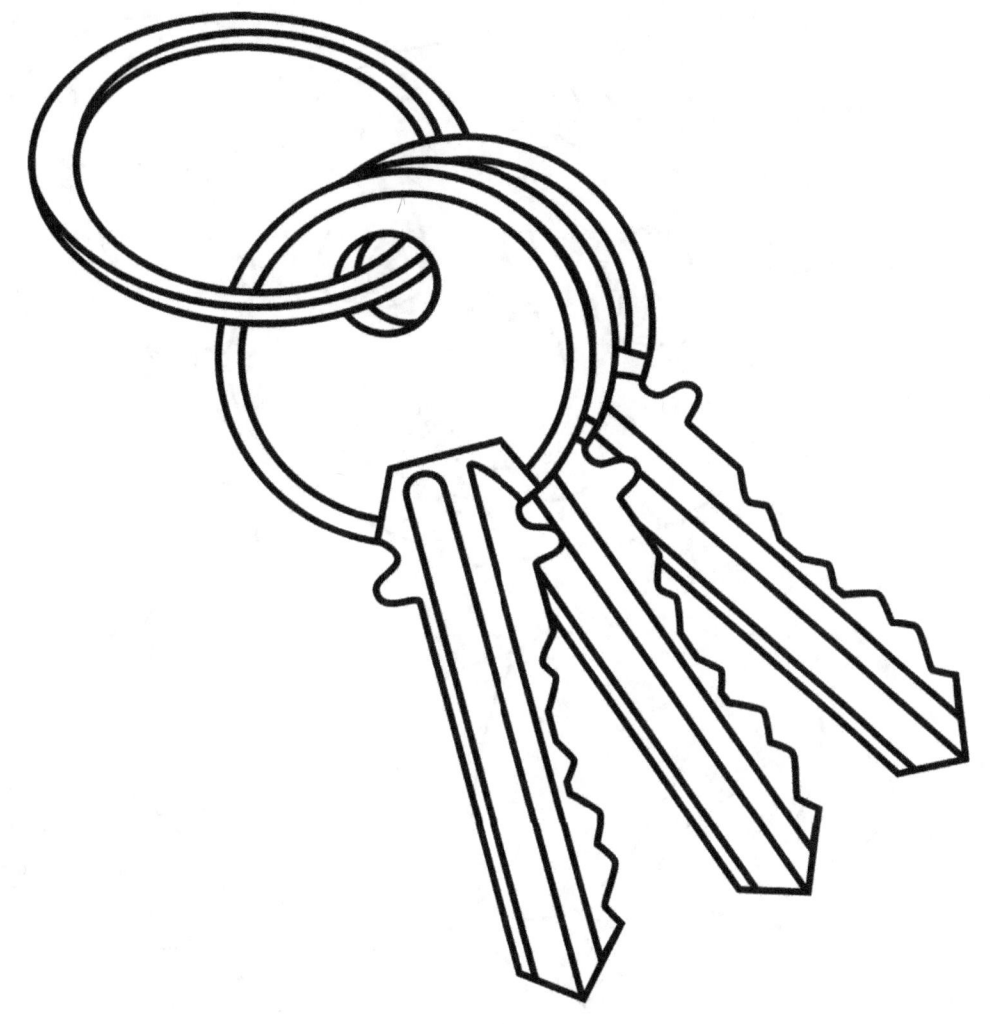

Sleutel

Sleutel

Coala

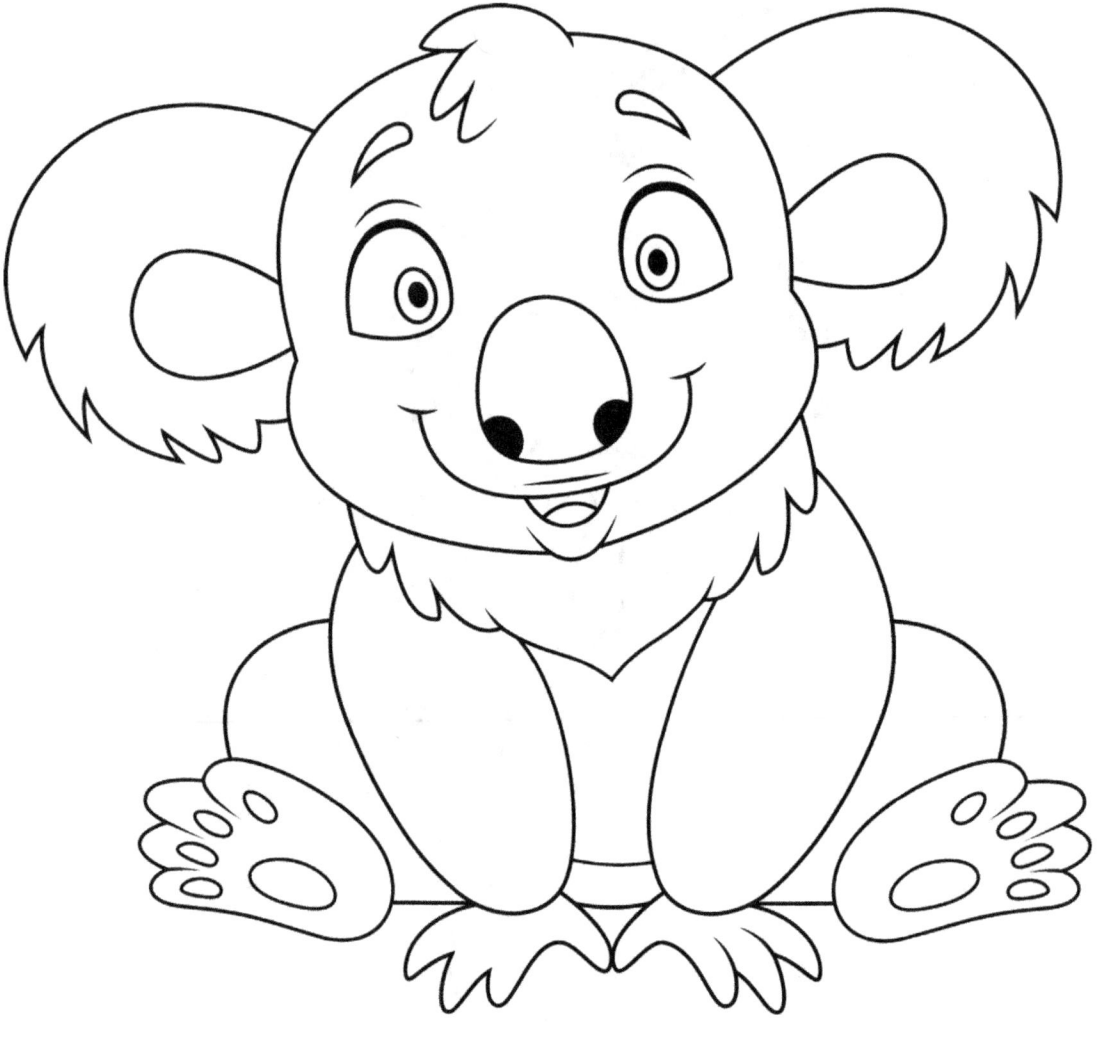

Koala

Koala

Iogurte

Yo_hurt

Galinha

K_p

Chave

Sl_utel_

Coala

Koal_

Formiga	-
Maçã	-
Astronauta	-
Banana	-
Urso	-
Livro	-
Carro	-
Gata	-
Milho	-
Cachorro	-
Rosquinha	-
Tambor	-
Caracol	-
Zebra	-
Elefante	-
Peixe	-

Flor	-
Raposa	-
Girafa	-
Óculos	-
Uva	-
Hambúrguer	-
Hipopótamo	-
Casa	-
Sorvete	-
Iguana	-
Pato	-
Jaguar	-
Geléia	-
Água-viva	-
Zepelim	-
Kiwi	-
Morango	-

Folhas	-
Lâmpada	-
Leão	-
Macaco	-
Rato	-
Mata-moscas	-
Prego	-
Cavalo	-
Noz	-
Polvo	-
Laranja	-
Coruja	-
Caneta	-
Torta	-
Porco	-
Pássaro	-
Rainha	-

Pena	-
Coelho	-
Rinoceronte	-
Robô	-
Tigre	-
Árvore	-
Guarda-chuva	-
Ouriço-do-mar	-
Sol	-
Vegetal	-
Vulcão	-
Abutre	-
Melancia	-
Baleia	-
Janela	-
Xilofone	-
Veleiro	-

Boneco	-
Iogurte	-
Galinha	-
Chave	-
Coala	-

© nerdMedia 2018

This work, including all its parts, is protected by copyright. Any use is not permitted without the author's consent. This applies in particular to copying, translation, storage and processing in electronic systems. Contact: Dirk Kolodziej/Peppermühl 9/48249 Dülmen/Germany info4us@nerdmedia.eu Cover design: nerdMedia Cover photo: depositphotos.com - Print Output Black & White: Amazon Media EU S.Ã .r.l./5 Rue Plaetis/L-2338 Luxembourg

www.ingramcontent.com/pod-product-compliance
Lightning Source LLC
Chambersburg PA
CBHW062331220526
45469CB00008B/2674